幸せな人は「お金」と「働く」を知っている

Happy people know "Money" and "Working"

Kazuhiro Arai

新井和宏

鎌倉投信株式会社
取締役・資産運用部長

イースト・プレス

はじめに　私がみなさんに残せるもの

日本では、お年玉やお小遣いなど、幼いころからお金に触れるのに、ちゃんとした「お金」に関する教育がありません。また、いまだに家庭では、食卓でお金の話をするのはタブーのように取り扱われていることも少なくありません。最近では少し関心が高まってきたこともあり、大学などで投資教育のようなものが行われていますが、お金そのものについて話すような教育が少なすぎるように思います。この本をきっかけに学校や家庭で、お金について考える時間を持ち、お金との付き合い方を身につけてほしいと思います。

私はこれまで二十年以上、金融に携わってきました。そんな私からみなさんにお伝えできることがもしあるとすれば、それは、私が生きてきた経験です。私の人生は、金融マンとしてお金と向き合ってきた人生です。この本では、みなさんよりは先に生まれた人間として、お金との付き合い方についてお話ししたいと思います。

なぜ「お金」のことを学ぶのか

この本は、若い人たち、特にこれから社会に出ていく人たち、そしてその親御さんにこそ読んでほしいと思っています。多くの子どもたちはお金についての教育をほとんど受けないまま大人になります。そのようにして育った子どもたちは、大人になってもお金に対してきちんとした価値観ができないままです。

その状態で働き始めたらどうなるでしょうか。働けば当然お金を得るようになります。しかし、お金についての教育を受けていないために、結果としてお金に人生を振り回されるようになります。お金があってもできないことがあるし、お金が悪いことに使われることもある。お金の使い方によっては、人生が豊かになる場合もあれば、不幸になる場合もある。そういったことを早い段階から知ることが、みなさんにとって、またこれからの日本社会にとって、重要なことだと私は思っています。

ソフトウェアの開発会社で、働き方への先進的な取り組みなどで知られるサイボウズさんの高校生向けのイベントなどを通して、子どもたちに早い段階からお金について教えることに取り組んでいます。こうした取り組みを通して感じるのは、子どもの親御さんたちもまた、お金との正しい距離感が分からず、迷っているということです。

■親も子どももお金との付き合い方に悩む時代

めまぐるしく変化する現代社会の中で、親世代も「幸せな老後を過ごすにはこれだけの貯蓄をしなければ」とか、「子どもを一人育てるのにこれだけのお金が必要だ」とか将来の不安を煽るような言葉に翻弄されています。確かに、お金がたくさんあって困ることはないかもしれませんが、逆にお金との付き合い方が分からず困るというケースが増えてきているように思います。

親世代がお金との付き合い方が分からなければ、子どもがそれを分かるはずがありません。また子どもたちが教わらなければ、その子どもに教えることもできません。こうして何世代にもわたって残念なスパイラルが続いていくのです。

こうした状況を改善していくことも、私たち先に生まれた世代の使命だと考えています。

大人にも知ってほしいこと

幸か不幸か、今の日本はモノやサービスで溢れ返っていて、お金がすべてのことを解決してくれるものと、子どもたちが勘違いしてしまうような環境にあ

ります。こうした状況では「お金さえあれば、買いたいものが全部買える」「うちは貧乏だから不幸」といった短絡的な価値観を子どもたちに植え付けてしまいかねません。「お金で買えるもの」「お金で買えないもの」、そして「お金で買ってはいけないもの」の分別がつかないと、お金と正しく付き合えませんし、「楽《らく》して儲けよう」という発想しか生まれないようになってしまうかもしれません。

先進国にいる私たち大人が、物欲に溺れ、環境問題を増大させ、未来の子どもたちに代償を払わせるような生き方をしてはいけないと思います。だからこそ、「もったいない」「おもてなし」という素晴らしい価値観や生き方を持った国の人間として、モノよりも精神性を高めていくことに価値を感じる社会にしていきたいと願っています。

大病を患って気が付いた

私は大学卒業後、日系の信託銀行に勤務し、その後、先輩の誘いで当時世界最大級の外資系金融機関に転職しました。その外資系資産運用会社では、年金資産を運用する年金基金など、主に長期の資金を運用し、チームでの取扱額は、退職する直前には十兆円近くになっていました。扱うのは中規模国家の国家予算並みの金額ですから、当時の私は、それだけで「自分は、社会に役立つ仕事をしている」と思っていました。

転職後七年ほど経過した二〇〇七年七月、夏季休暇を取り、バカンスのために乗ったオーストラリア行きの飛行機の機内で突然倒れました。その後分かったことですが、掌蹠膿疱症《しょうせきのうほうしょう》という病気でした。

掌蹠膿疱症はストレス性の病気で薬が基本的に効きませんでした。掌と足の裏に湿疹ができて、その後に膿と血が出ます。痛みとかゆみをともない、寝ることすらできず、ひどい時には、履いた靴下が血だらけになることもありました。体は正直だったようで、ちょっとした判断ミスが、自分が一生働いても返せないような金額の損失につながるような状況に、知らず知らずのうちに、極度のストレスをため込んでいたようです。

薬が効かないため七年ぐらいは治らないと知り、愕然としました。集中できないような状況で仕事を続けることはプロとしてできません。それは事実上の退職勧告でした。もはや好きだった会社の仲間たちと一緒に仕事をすることも諦めねばなりませんでした。

金融マンとして日系・外資とわたり歩き、社内でも評価を得て、年収も伸びていた時でした。人生が順調にきていた矢先の突然の出来事に、私はなかなかその事実を受け入れることができませんでした。

人生を変えた一冊の本との出会い

そんな時に出会った一冊の本があります。

法政大学の坂本光司先生が書かれた『日本でいちばん大切にしたい会社』（あさ出版）です。仕事を続けることをあきらめ、行くべきところを見失った私は、病気療養中、この先の人生何をすべきだろうと悩んでいました。何気なく入った書店でふと目にしたその本のタイトルがまるで光っているように感じられました。今思えば、神様の導きのようなものだったのかもしれません。

この本が私の人生を大きく変えました。

本を開くと、そこには、長野県の伊那谷で寒天を製造販売している、社員からも地元の人からも愛されている会社「伊那食品工業」や、神奈川県川崎市にあり五十年以上も障碍者を雇用し、社員の七割以上が障碍者の会社「日本理化学工業」など、人や地域を大切にする素敵な会社たちがたくさん紹介されていました。

金融マンとして第一線で十五年以上（当時）やってきたにもかかわらず、こんな素晴らしい会社があることすら私は知りませんでした。

私にとっての会社は、お金を稼ぎ、自分のスキルを高め、より高度な技術で会社の期待に応えるための場所でしかありませんでした。また、投資をしていた会社でさえ、自社が利益を上げるためだけの対象にすぎず、その共通認識のもとに、合理的にその会社の能力を分析し、投資に値するか否かを判断するだけでした。ですから、自分の足でその会社に赴いて経営者に会うようなこともしませんでしたし、どんな人たちが働いているのかを自分の目で確かめることもありませんでした。しかし、この本に出会って、会社には魂があり命が宿っていて、「法人」と称されるように、人間と同様に人格を持っていて、それぞれに違う目的と役割があるんだと気づかされたのです。

そして私はひらめきました。こんな会社を応援することができる仕組みを金融で作れたら、みんなが幸せになれるかもしれない。投資をただのお金儲けの手段から、本当の意味で世の中の役に立つお金の使い方を実感できる仕組みに変えることができたらどれほど素晴らしいだろうか。そう考えて、他の創業メンバー三人とともに鎌倉投信という金融ベンチャーの会社を設立しました。

大病を患った時点では、金融業界に戻るつもりはありませんでした。私はスキーが大好きなので、外資系で稼いだお金でスキーをしながら悠々自適の生活をしようと考えていたのです。しかし、社会の役に立つのなら、もう一度自分の技術を使うべきと考え、業界に戻ることにしました。

リーマン・ショック

前の外資系金融機関を辞めて、鎌倉投信の設立準備をしている時にリーマン・ショックが起こりました。二〇〇八年の九月のことです。

リーマン・ショックは、金融工学を利用して、低所得層などに貸し出していた住宅ローン（サブプライムローンといいます）など、リスクの高い債権を組み合わせて、高利回り、高格付けになるようにした金融商品やＣＤＳ（クレジット・デフォルト・スワップ）という商品などが連鎖的にデフォルト（返済不能）になり、ニューヨークの大手投資銀行であるリーマン・ブラザーズが破綻したことによって起こった世界的金融危機のことです。

私も金融の専門家として自分の技術を活かし、いかに効率的に高い投資ができるかを日々考えていましたので、金融で使われていた高度な仕組みや技術が崩壊した瞬間を目の当たりにし、大きなショックを受けていました。

そんな中で知った忘れられないことがあります。米ニューヨークの連邦破産裁判所にリーマン・ブラザーズが提出した書類の中で「（我々も）制御できない金融危機の被害者だ」と主張したというのです。リーマンは、実体経済をゆがめてまで効率を追い求め、結果として実体経済そのものを傷つけた張本人です。すべての金融機関は、被害者である前に、加害者であるはずなのに、そのことに対してあまりに無自覚なこの言葉に、私は怒りすら覚えました。これまでの金融の常識から脱却しなくてはいけないと強く感じた瞬間でした。

自分の技術を社会のために使うことに決めた

サラリーマン時代の私は、身につけた技術を、やれキャリアアップだ、やれ成果主義だといいながら、自分の年収を上げるために使ってきました。その頃は、年収が高いということは、自分が社会に認められ、必要とされていることであると、信じて疑いませんでした。学生時代から競争に勝つことが求められていた中で、このような感覚がいつの間にか身についてしまっていたのでしょう。しかし、リーマン・ショックで私の中のこの価値観が完全に崩壊しました。自分が身につけた技術を利用し、お客様の財産を効率よく増やすことによって積み上げてきた自信が、リーマン・ショックによって砂上の楼閣のように一瞬

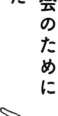

のうちにゼロになってしまったのです。

「自分は何も社会の役に立っていないのではないか」「なんの役にも立たない技術を習得し、人生の多くを無駄に過ごしてきただけなのではないか」、そんな考えが頭の中に浮かび、それまでの人生のすべてを否定されたような思いでした。

しかし、このどん底こそが、私に開き直るきっかけを作ってくれたのです。つまり、今までは自分の技術を使うべき方向性が間違っていたのだと。サブプライムローンのような高いリスクのものを金融工学で低いリスクにできるということが、そもそも幻想であり、これからは、本来あるべき投資、社会を豊かにするためにお金を投じることに自分の技術を使うべきである、と考えたのです。それは、自分の技術を、自分の年収向上のために使うのではなく、社会のために使うということです。

本来、会社は社会のために存在していて、同様に、金融も社会を豊かにするために投資という機能を持っています。また、投資とは、「投じて資する」と書くように、相手に資する、つまり、役立ち、助けとなるために存在するもので、自分の利益のみを考えるものではありません。豊かな社会に近づく方法を金融が提示し、そのためにお客様に資金を出していただくという、投資の本質に立ち戻ることにしたのです。

金融でいい会社を応援するという仕組み

私たちが運営する金融ベンチャー・鎌倉投信は二〇〇八年にできた会社で、投資信託という金融商品の運用と販売を行っています。名前のとおり、鎌倉に

本社があり、築九十年近い古民家を本社屋として使っています。

金融の仕事には銀行などが行っている融資や、鎌倉投信が行っている運用など いろいろな言葉がありますが、資金を必要とする会社などにお金を出資し、その会社が活動し、成果を出すことによって、リターンを得る（預かったお金を増やす）という仕組みが基本になっています。

しかし、ただお金を増やすことだけを目的にすると、儲かればどんな手段を使ってもいいということになりかねません。それでは、リーマン・ショックを引き起こした、これまでの金融の在り方と何も変わりません。

そこで、鎌倉投信の唯一の商品である投資信託「結い２１０１」においては、社会を豊かにする「いい会社」を応援する仕組みである、
①応援する理由を明確にする
②より多くの人が応援できるように投資先をすべて開示する

③応援するからには短期的に業績が悪くなっても手放さずに、買い増す
④会社の基本方針が変わらない限り投資し続ける
という方針のもとに運用しています。

今、正直に伝えておきたいこと

サラリーマンをしていたころは、言いたくても言えないことが山ほどありました。例えば、金融の仕事をする中では、年末の株価がいくらになるだとか、為替レートはいくらになるだとかといったことを、当然のように予想することになりますが、その一方で、〝神様じゃないんだから、将来がどうなるか、ましてや株価が年末にいくらになるかなんて、分かるわけがないのに……〟と頭

のどこかで思っていました。しかし、それを口に出すことはできません。金融業界で生きている以上、これが業界の常識であると自分に言い聞かせていたのです。

今は思っていることを真っ直ぐ伝えることができます。昔のように、自分に言い聞かせるようなことはやめました。「業界の常識」と考えていたことからの解放。今は伝えたいことに真っ直ぐに、正直にありたいと思っています。

そんな中で、まず伝えておきたいことがあります。それは「お金」があることと、「幸せ」はイコールではないということです。

会社を創業してから私の年間の収入は、サラリーマンとして勤めていたころよりも大きく下がりました。それでも私は今のほうが幸せだと断言できます。なぜなら、「幸せ」を感じられる時間が増えたからです。

お客様から「鎌倉投信に参加できて幸せです」と言われ、投資先からは「鎌倉投信から投資されていることが誇りです」と言ってもらえる。貧しかった学生時代に「お金さえあれば、もっと自分は幸せなはずだ」、こんな言い訳を考えていましたが、今はそんな自分を情けないと思います。

生きていくためには、もちろんお金が必要ですが、お金は幸せになるための手段であって目的ではないのです。お金を相手にする仕事をおよそ四半世紀してきた人間として、これだけはお伝えしたいと思います。

多くの人には学校を出て働かなければならないタイミングが必ずくる

二〇一五年度までの四年間、横浜国立大学で非常勤講師をさせていただきました。現在は長崎県立大学で経営学部長をしていらっしゃる三戸浩教授とご縁

を頂戴し、大学院卒でもなく、教員でもない私が大学の教壇に立たせていただいたのです。

三戸先生からは、「大きく有名な会社がいい会社ではなく、真にいい会社とは何かを学生たちに伝えてほしい」と依頼され、社会的起業論という講義を担当しました。その時に強く感じたのが、社会や企業に対する大学生の視野の狭さでした。

大学進学率が五割を超える現在、多くの高校生は大学に進んでから就職先を考えればよいと思っているでしょう。でも現実には、大学に入ると卒業のための単位を取って、すぐに就職活動をすることになります。

学生たちは内定をもらうために、たくさんの会社にエントリーすることになりますが、なぜその会社を志望するのか、明確な理由がない学生が多いと感じました。もっともそれも仕方のないことかもしれません。会社に入ってから何をするのかではなく、とにかく内定をもらうことが目的になってしまっているからです。でも就職はしなくてはいけないものだと、どの学生も思っています。話を聞いた学生の中には就職へのプレッシャーで泣き出す子もいました。

会社の数は、上場企業だけでも三千五百社以上、国内すべての企業・団体を含めると数百万社にも上ります。さらに、グローバル化の時代ですから、海外の企業まで含めると膨大な数字になります。ですから、もし学生が会社のことを調べようと思っても、その一つ一つの会社を精査するための時間はほとんどありません。結局のところ、知名度のある会社、就職ランキングに入っている会社、友達に評判のいい会社、年収が高い会社に入ろうとするというのが学生の実情ではないでしょうか。

そういう私も就職活動の時は今の学生と同じようなものでした。父に「お前はお金になる仕事をしろ」と言われ、単純に給与や就職ランキングを見ながら金融業界を選んだわけです。しかし、それで本当に幸せになれるでしょうか。
私は、それでは幸せになれる可能性（確率）が低くなってしまうと考えています。

本質・本物の時代がやってきた

これから社会に出るみなさんには、ものごとの本質を見る目を養ってほしいと感じています。あえて二つに分けるとするのであれば、世の中には、「素晴らしい人」と「だまそうとする人」、あるいは「人生を本当に豊かにしてくれる素晴らしい価値を提供するもの」と「消費を煽るように広告をし、必要でないモノやサービスを買わせようとするもの」が存在します。後者には、ひどいものになると詐欺まがいのものまであります。

例えば、銀行で預金してもほとんど利息がつかないこの時代に、「このままでは財産は増えませんよ。確定利回り（元本保証）で一〇％のよい商品がありますよ」なんて都合のいいものはほとんどが詐欺です。

あるいは「将来が不安ではないですか？」（漠然とした不安を煽る）とか「多くのリーダーはこれを学んでいます」（具体性がなく、虚栄心を煽る）といった言葉が出てきたら怪しいと思ったほうがいいかもしれません。

つまり世の中には「本物」と「偽物」が存在するということです。最近インターネットで広がっているフェイク・ニュースとかもそうですよね。これからは価値観も多様な時代ですから、さらに複雑です。

そんな社会の中では、ものごとの本質や本物を見極める目がないと簡単にだまされ、不要な支出をし続け、いつまでたっても、そしていくらお金があったとしても幸せになれない人生を送ることになってしまいます。では、どうしたらよいのか？　それは、「本物」の人から学ぶことでしょう。私もそれによって道が開けていきました。「そんな人、どこにいるのですか？」と訊きたくなった人は、ぜひこの本を最後まで読んでください。

自分らしい幸せを見つける旅に出よう

「あなたはなんのために働きますか？」

まずそんな質問を自分にしてみてください。自分のため、人のため、お金のため。働く意味は人によっていろいろだと思います。社会に出てから、最初は「自分のため」に働いていた人が「人のため」に働くようになり、働く意味が変わっていく場合もあります。

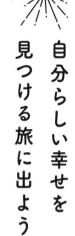

　また、現代社会において人が生活をするためにはお金が必要ですから「お金のために働く」という事実も否定できませんよね。でも「お金だけのために働く」ことはやめてください。人は幸せになるために、生きるのであって、お金のために生きるのではありません。お金が目的ではなく、目的は幸せになることですよね。あくまで、お金はそのための一つの手段なのです。

　また、お金は汚いものだと考える人も多いようですが、それは誤りです。本来、お金は無表情です。お札に描かれている偉人たちの表情が無表情であるように。お金は使う人の使い方次第で、よくも悪くもなるのです。だからこそ、正しく付き合わないといけません。

　人の価値観は多様ですが、基本的に幸せになりたくない人はいません。それと同時に、「幸福」というものは自分以外の誰かによって決められるものでもありません。幸せかどうかを決めるのはあなた自身です。言い方を変えれば、

■自分らしい幸せを見つける旅に出よう！

それは自己満足ともいうことができるかもしれません。だから、折角の人生を最高の自己満足で終えてほしい。

自分らしい幸せを見つけるために、社会を知り、お金を知り、働く意味を知る旅に一緒に出かけましょう。

【目次】
CONTENTS

はじめに

第一章

これからあなたたちが生きる世界

第二章 「お金」を知る

第三章

「働く」を知る

第四章

「幸せ」を知る

第五章

あなたらしい幸せの見つけ方

第六章 社会を形作るもののすべてに感謝を

おわりに

巻末付録

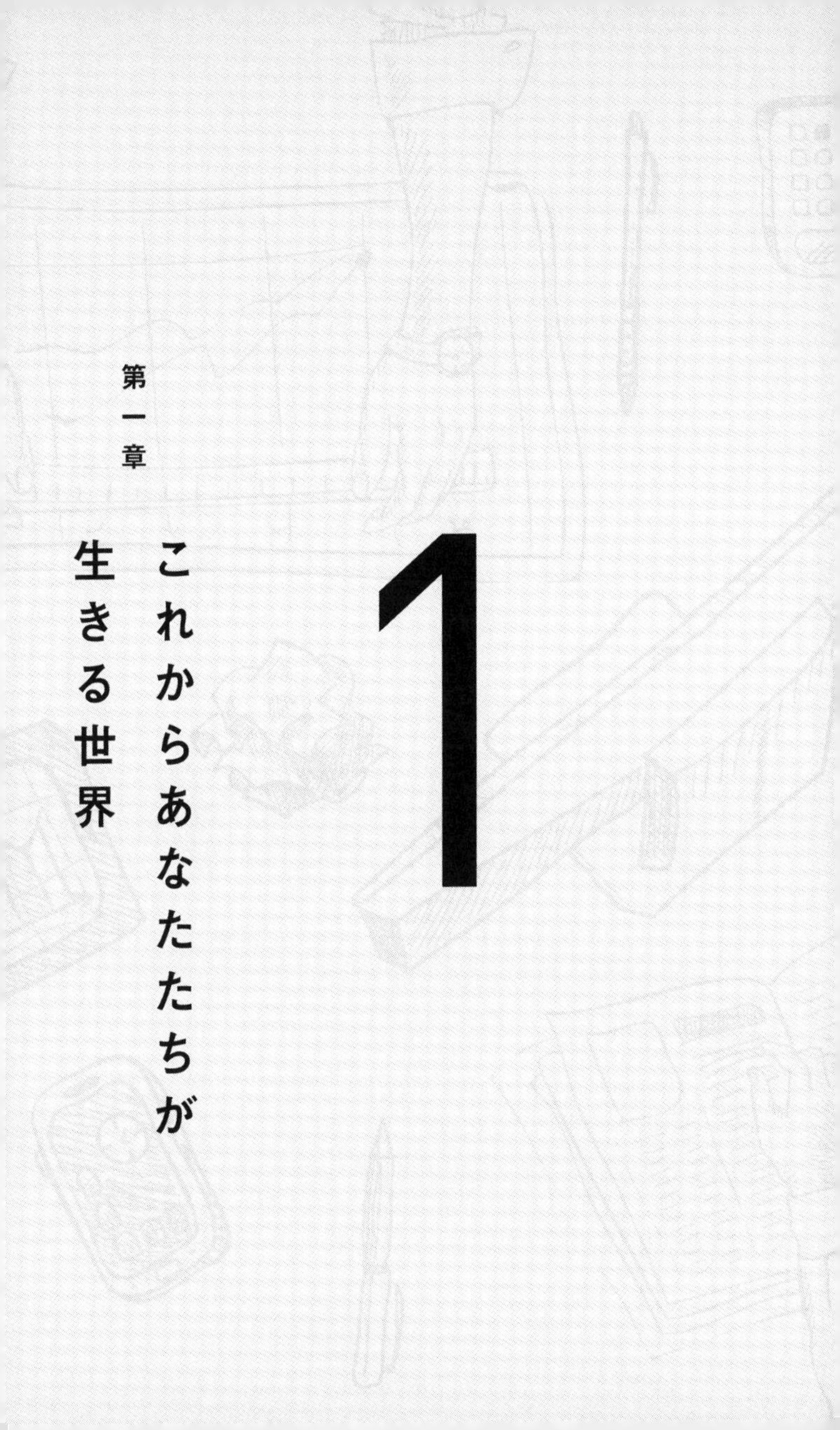

第一章

1

これからあなたたちが生きる世界

私たちが生きるこの世界

みなさんが生きる現代の日本は、モノやサービスが溢れ返っている時代です。お金さえあれば、いつでも好きなものを買い、好きなものを食べることができる。また、情報で溢れ返っている時代でもあります。インターネットの発展はいつでも誰でも情報にアクセスできる環境を創りました。

昔はマスコミといえば、テレビ局、新聞社、出版社など特定の人たちが職業としてお金をもらって行うものでしたが、今ではＳＮＳなどを使って、誰もがマスコミになることができます。その結果、一般に流布される情報にはノイズも多く、さらには意図的に嘘のニュースを発信する人まで出てきました。何が本物か分からないように、巧妙に仕組まれています。同じような情報が違う形で流される。「いいね！」といっていても、実はそれは企業の宣伝戦略として作られた世界かもしれない。そうした状況では、情報を受け取る側が、情報を精査し、きちんと取捨選択することが重要です。

本が一つの分かりやすい例でしょう。書店に入ると昨日と今日で違う本が新しく並び、キャッチーなタイトルで読者の興味を引こうとしています。あまりにたくさんの本が毎日のように大量に発売されていて、私でも時々、どの本を読んだらいいのか分からなくなります。情報が多すぎて、それをストレスに感じてしまうほどです。「時代の流れをしっかりとらえて乗り遅れないようにしなければ」といった精神的なプレッシャーがあればあるほど、どうしていいか分からなくなるのではないでしょうか。また、自分の価値基準がはっきりしていない人ほど、そうした状況を辛く感じてしまったりします。特に就職活動を

電子産業・自動車産業貿易収支

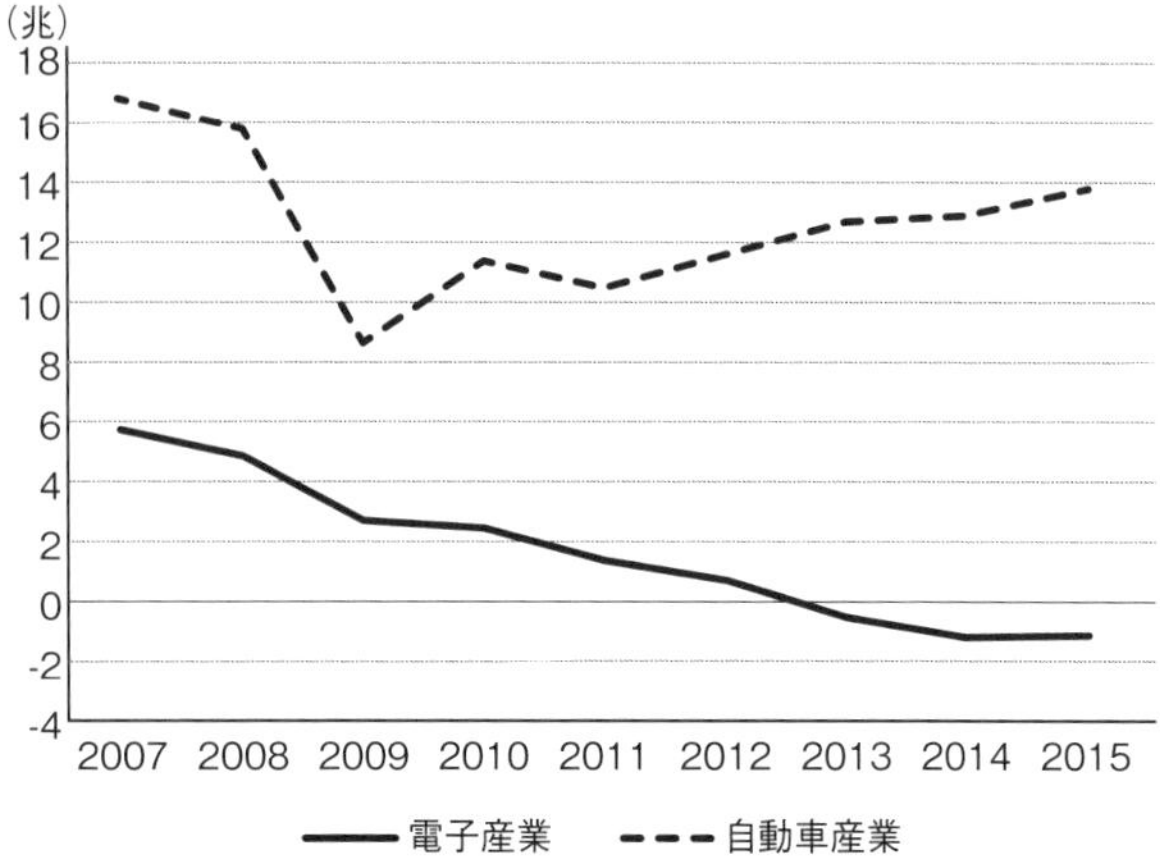

一般社団法人日本自動車工業会、一般社団法人電子情報技術産業協会輸出入データより作成

している学生などは、藁にもすがるような思いの中、様々な情報に惑わされてしまうことがあるかもしれません。

一方で、このモノやサービスが溢れ返っている時代に商品やサービスを買ってもらう企業側も大変です。日本の高度経済成長期には二つの大きな産業、自動車と電子産業が経済をリードしてきましたが、今や、電子産業は衰退の一途をたどり、特に日本国内では電化製品も車も売れないといわれる時代になってしまいました。そういう意味では、かつての大企業がいつまでも安泰であるとは限らない時代に入ってきたのです。

実際、今日本の大企業は苦しんでいます。社会にはモノやサービスが溢れ、消費者に商品を買ってもらうのが難しい中でも、企業は大きくなった会社の規模や見かけ上の業績の数字を維持しようとします。そのため、非正規雇用を増やしたり、リストラをしたりすることによって利益を確保しようとします。総務省の統計では、非正規雇用者の数は一九九〇年に八百八十一万人だったのに対し、二〇一四年には一千九百六十二万人と二倍以上になっています。一方で、この十年で企業の利益は全体で減っていません。本来であれば、社員を大切にしなくてはいけなかったのに、財務諸表に載る数字だけを追い求めた、株主偏重ともいえるような行動をしてきた結果がここにあります。

すると、本質から外れた行為をする会社が出てきます。最近では東芝がその例でしょう。みなさんがよくご存じの東芝では、二〇〇八年度から二〇一四年度第3四半期まで、不適切な会計処理が行われ、その額は一千五百億円を上回りました。その原因は、経営陣からの利益に対する過剰な圧力でした。経営陣は、「チャレンジ」という言葉を使って高い数値目標を設定し、それを達成させるべく、各事業部門の現場の社員に対して無理難題を突き付けていたのです。

さらに、現在は先ほども述べたようにインターネットの普及により個人が情報を発信できる、みんながマスコミのような状態ですから、一部の人だけで情報を隠しておくことができません。東芝のケースでも内部告発から事態が発覚しています。悪いことをしていれば、誰かが必ず見ていて、SNSなどを通してすぐに周知されてしまう時代になりました。こうしたことから見ても、これからは会社の規模が大きいから安心、みんなが知っている会社だから安心ということがないということを理解しておく必要があります。

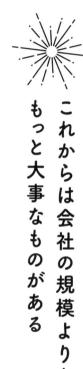

これからは会社の規模よりも もっと大事なものがある

会社は人の集まりでできています。その人たちがそれぞれ会社の中で活動し、結果を出すわけですから、その人たちの個性の総和がその会社を表すことになります。

そんな中で、個性がなくなった会社は、魅力がなくなっていきます。他の会社と同じようなものしか作れなくなるのです。その典型がテレビなどの電子産業かもしれません。東芝、シャープ、サムスン、どこの商品も同じじゃないかと思うようになると、消費者の関心は最終的に価格に向けられます。つまり同じ機能を持った商品なら、より価格が安いほうがよいと考えるのです。結果として、価格競争に敗れた会社は消費者から選ばれなくなります。

では企業はどのようにして価格を下げるのでしょうか。物には製造コスト、つまり原価が存在します。原材料や加工にともなう人件費などがその主なものです。それらを安く抑えることによって、企業は価格を下げようとします。しかし、原材料や人件費を下げるには、限界があります。これまで多くの日本企業は製造拠点を人件費の高い日本から、労働賃金の安い中国やフィリピン、タイ、インドネシアといったアジアの他の国々へと移転して、何とか価格を下げようとしてきましたが、その国の経済が成長すれば人件費が上昇し、さらに人件費の安い移転先を探さなくてはなりません。しかし、それももはや限界がきています。ですから価格が安くて競争力があるというのは一時的には成立しますが、長くは続かないものなのです。

また、会社の規模が大きいとか、一般に知られているといったことは、現在

製造拠点の移転イメージ

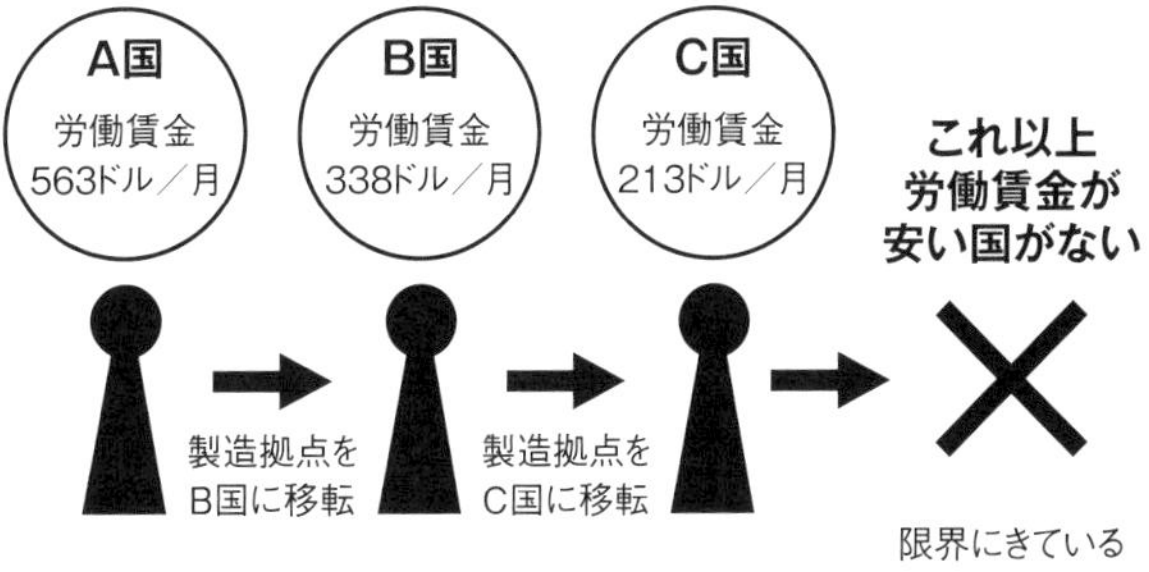

と過去の話にしかすぎません。もちろん、会社が大きいから悪いということでもありませんが、未来に向かって働く人にとっては、将来この会社がどう発展、成長するのかが重要となるはずです。それにもかかわらず、いつまでも現時点での規模や、過去の知名度で会社を見ていていいのでしょうか。

ほとんどの人は社会に出れば、いずれ働かなければなりません。それは、対価を得る（企業・NPO

で働く、起業するなど）、対価を得ない（ボランティアで働くなど）にかかわらずです。

そのうち、かなり多くの人が就職をして、どこかの企業で働くことになるでしょう。その時に企業に対して確かな視座を持っていなければなりません。この視座がなければ、自分以外の人の価値観に影響されて、他の人がいいといっている会社が、自分にとってもいい会社であるなどという誤解をしてしまうことになります。

いい会社ってなんだろう

では「いい会社」ってどんな会社でしょうか？

一般に「いい会社」というと、「成長性の高い会社」や「年収が高い会社」

などをイメージするかもしれません。しかし実は、いい会社というのはみなさん一人一人にとって異なるように思います。なぜなら、みなさんの価値観や興味関心はそれぞれに異なるからです。十人いれば、十通りのいい会社があるといえるでしょう。

ただし、共通していえることがあります。それは、「これからの社会に必要とされる会社」であるということ。そして「人間としての成長ができる環境を提供してくれる会社」だということです。

会社は社会の役に立つために存在するという本質的な存在意義を考えると、「これからの社会に必要とされる会社」でなくてはなりません。また、社員となるみなさんにとっては、スキルよりは人間力を磨ける（人間的成長ができる）会社でなくてはならないと思います。

ＡＩ（人工知能）やロボットが社会に普及してくるこれからの時代には、さらに人間力が必要とされることは間違いありません。AIやロボットは、これまでの「優秀」の定義を覆します。これまで「優秀」だと評価されてきたのは、偏差値が高く、暗記ができて、弁護士や会計士などの資格が取れる人でした。しかし、これからはAIがその大部分を補ってくれるようになります。例えば、記憶力に関していえば、人間はAIの足元にも及びません。そうなると、弁護士などの専門家の優位性は、記憶力ではなくなってきます。人間力が重視される未来では、真に「優秀な人」は優しさに秀でる人であり、記憶力が高い人ではなくなるのです。

私は、鎌倉投信という事業を通じて、様々な会社を訪問していますが、みなさんがこぞって「いい会社」というのは、この二つの点が揃っている会社であるように思います。

例えば、長野県の伊那谷というところに、寒天の製造と販売をしている伊那食品工業という会社があります。その会社では働いている人がみなさん幸せそうです。実際にお会いしてみると分かるのですが、まず笑顔の質や挨拶の質が違う。「毎日笑顔なんだろうな」「毎日しっかり挨拶しているんだろうな」と想像がつくのです。なぜでしょうか。

それは、社員さんが社長を含めた他の社員さんの存在価値を認め合っているからです。社員のみなさんが口を揃えて言うのは「先輩のような人になりたい」ということです。部長や課長という役職に興味があるのではなく、その人のような存在になりたいと考えていることが、社員さんのお話を聞いていて伝わってきます。そう思える人が自分のそばにいる環境だからこそ、人間としても成長していくことができるのです。

伊那食品工業がどれだけいい会社なのかを示す一つのエピソードがあります。伊那食品工業の社員数は全社員合わせて五百人ほどですが、この会社に、世界で活躍する日本最大の企業体であるトヨタグループの経営者の方々が「いい会社、いい経営」を学ぶために視察に訪れるのです。売上高が二百億円弱の会社に、売上高数兆円の会社が学びにやってくるのです。そんな会社が長野の片田舎にあります。ぜひ一度訪問してみてください。本社の敷地内には、誰でも入れるようにレストランやショップもあります。

また広島県福山市にはエフピコという食品トレーの製造販売を行っている会社があります。この会社には食品トレーをリサイクルして製造するエコトレーという製品があります。スーパーなどの回収ボックスで回収されたトレーを分別し、もう一度トレーにしているのですが、この分別の仕事を障害者が行っています。

約四百人の障害者がエフピコで働いており、その約七五％が重度の障害者です。全社員数における障害者雇用率はなんと一割を超えるのです。上場企業で障害者雇用率が一割を超える会社は、日本にはこの会社しかありません。しかもその生産性はなんと健常者の数値を超えています。適材適所とはこのような仕組みのことをいいます。その障碍者の方々が自分の仕事に誇りを持って働き、「土日はいらない、早く月曜日になってほしい」と言うような会社がこの日本に存在するのです。

会社には社会の役に立つという大義が必要です。その会社にとって遠くの目標である経営理念やビジョンにそれが現れています。経営理念は、その会社が進むべき方向を示しています。そして、社員がその理念をどう理解して、どう実践しているのかが重要です。ひどい会社だと、社員が「経営理念なんて絵に描いた餅だよ」なんて言うことがあります。

「いい会社」は理念に想いがあり、それを共有している社員がいます。会社の行くべき方向が明確であれば、社員は判断に迷わずにすみます。会社の行くべき方向が見えなければ、生き延びるために短期的な利益を確保することが目的化し、お金を働く目的とする集団になりかねません。そのような集団に属するとあなたもそのような人たちに段々と染まっていきます。

会社とはすなわち人である

もしかしたら、この本を読んでくださっている人の中には、就職活動中で、これから会社の面接を控えている方もいるかもしれませんね。そんな方々に覚えておいてほしいのは、会社は「会社という名前の何か」が存在するわけではなく、個々の人（社員）の集合体でできているということです。社員一人一人がその会社というものを作っているのです。ですから、会社も人が大事です。

会社にとっては、「人が財産なので、人財」なのです。

そこで働いている人たちがその会社の将来を決めていきます。例えば、あなたが、ある会社訪問をしたとしましょう。そして、その会社の人から失礼な扱いを受けたとします。その時にあなたが〝こんな失礼な人が社員にいる会社なのか〟という感覚を持ったなら、その感覚は信じていいと思います。いずれ、その会社は残念な会社になっていきます。

私も、投資先を選ぶ際には、実際に投資候補先の会社に足を運んでその会社の雰囲気を肌で感じたり、社員の方に直接話をうかがったりすることを大事にしています。本当に様々な会社を訪問しますし、一社一社、会社によって雰囲気は全く違います。そんな中で「なんだか雰囲気が悪いな」と感じた会社は、長期的な業績を含めてよくなった試しがありません。雰囲気は数値化できるものではありませんし、その会社へ行かなければ実際に感じることができないものです。ですから、必ず現場に足を運びます。また、足を運んだ際に、重要視しているのは精神面に関する話だったりします。働くということへの従業員の価値観や、会社に対して感じていること、会社への愛、情熱など、いろいろな角度から話を聞くようにしています。

これからの人と会社に必要なもの

今度は、ちょっと角度を変えて、社員を採用する企業の側から考えてみます。「いい会社」がどんな人を欲しがるかといえば、やはり協調性や利他の精神があるなど人間的な魅力に溢れ、かつ個性的な人を採りたいと思うのではないでしょうか。ある会社では、最終面接で社長が判断するのは、会話の中に利他の精神がみえるかどうかだそうです。

技術や知識はやる気さえあれば習得可能ですが、人間性はその人が生きてきた歳月の積み重ねでできていますから、簡単には変えることはできません。就職活動対策でマニュアルのように同じことを話す人がいるかもしれませんが、ありきたりの志望動機や、これから自分が働こうとしている会社のことを何も知らない、もっというと、この会社に入って何をしたいのかも分からないような人、そんな人は先ほどの価格競争の話と一緒で、選ぶ側から見るとその人でなくてはならない理由がないのです。

だから個性は大事です。個性とは奇をてらうわけではなく、あなた自身の存在意義を示すものです。それはあなたが、過去に経験してきたことを、未来において価値に変えることができる人かどうかを問われているのです。

同様に会社にも個性が必要です。なぜなら、その会社が社会から選ばれるためには個性が必要だからです。もし、その会社と似たような会社が他にもある場合には、その会社は「いい会社」ではない可能性が高いといえます。先ほどもお伝えしたように、そういった会社は、他社との価格競争に巻き込まれる可能性が高く、結果として、「営業しても結果がともなわない」「取引先から値下げしろと言われてしまう」というような辛さを社員が味わうことになります。膨大にある会社を「個性的で、他にはない会社」という視点でもう一度見てみると、今までとは少し違った景色が見えてくるのではないでしょうか。

例えば、日本環境設計という会社があります。この会社は、家庭から出る一部のゴミを資源に変えるリサイクルの会社です。みなさんが使っている携帯電話・スマートフォンのリサイクルでは日本一の会社です。高校のテキストにも載っているので知っている人もいるかもしれませんが、多くの大人はまだ知りません。

この会社には地下資源に頼らない社会を創ろうと世界中から人が集まってきます。日本環境設計の強みは消費者参加型のリサイクルの仕組みです。無印良品などの店頭で不要になった衣料品やプラスティック製品を回収しながら環境問題を解決しようとしています。衣料品をリサイクルして作られたジェット燃料を二〇二〇年までに試験運航ができるように、協力会社と取り組みを進めています。こんな個性が光っている会社が「いい会社」です。

個性を活かして、楽しく幸せに生きる

大学で講義をしていたころ、よく学生の方に「自分の個性がよく分かりませ

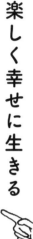

ん」と言われることがありました。その時にお伝えしていたのは「現在のあなたの個性は、過去のあなたが考え、経験してきたものでできています。だってあなたと全く同じ人生を過ごした人はいないんですから。だから、過去に感謝し、関わってくれた家族や友人に感謝することによって見えてくるんじゃないですか？　もし、それでも分からなければ、関わってくれた人たちに『私ってどんな人？』って訊いてみればいい」と。

個性は絶対価値ですが、例えば順位や偏差値は所詮相対価値です。絶対価値があると信じられれば、不安は解消されます。また、個性は日々創られていきます。個性を活かせる人になるためには、すべてに感謝することが近道。当たり前のことなんて何もないはずです。今日からでもできます。素敵な個性を創りましょう。

さらに、仕事における個性とは、他をよく見て自分が社会の役に立てる場所を探すことそのものだと思います。他の人と違うことを楽しめるようになる。それが個性を活かすということです。そうすれば、自分の存在意義が見つかります。

自然と不自然について

自然界では不自然なものは淘汰されていきます。

すべての人が同じ考えや同じ目標を持つ、これは何か不自然ですよね。もしあなたが学生で、「偏差値で人としてのすべての優劣が決まる」と言われたら、これも不自然に感じるのではないでしょうか。また、スーパーの店頭には同じような形の野菜が並ぶようになっていますが、これも不自然ですよね。本来、自然なものには様々な形があるはずです。にもかかわらずこうした不自然な状況が生まれてきます。そして実は、こうした状況は私たち一人一人が創り出しているのです。

スーパーの野菜を例にすると、私たち消費者が、野菜の色が少し悪いからとそうした野菜を避けて、買わなければ、生産者は色が悪くならないように、品種改良や、農薬を使わなければならなくなります。そうした野菜は形や見た目はいいけれど、自然な野菜とくらべて日持ちしない、栄養が少ないという例がたくさんあります。生産者も自然なもののほうが美味しいと分かっていますが、消費者が不自然なものを望むからと、それを捻じ曲げてしまう現実があります。

食というものはとても大切で、人の身体を作っている根本的なものです。その食が不自然で、弱いものだったら、みなさんの身体はどうなるでしょうか。最近はコンビニエンスストアなど便利なものがたくさんあります。でもどうか、便利なものに過度に依存しないでください。困った時に「あったらいいな」というのがコンビニなのであって、余裕がある時には別の選択をしたほうがよい場合が多いはずです。特に若い人たちには、手間がかかってもできるだけ自然なものを食すようにしてほしいと思っています。そうしないと不自然なものが身体の大半を占めるようになってしまいます。

少し話が逸れましたが、他の人に合わせて、あなたの個性を捻じ曲げる必要はありません。先ほども述べたように、これからは、多くの仕事がＡＩやロボットにとって代わられます。そんな中で、これからの社会に必要とされるためには、人間性や個性、そして感性が重要です。あなた自身の感性を信じて、自分らしい生き方をしてください。

キャンプ用品の製造販売を行っているスノーピークの山井社長がこんな素敵なことを言っていました。「日本人はこれまで、『勝ち、負け』という基準で判断してきたけれど、これからは『好き、嫌い』という判断基準で生きていけばもっといい」と。「好き、嫌い」はその人にしか判断できないものです。それは、とても個性的で自然なことですよね。

2

第二章 「お金」を知る

今、あなたはいくら欲しいですか？

「今、あなたはお金をいくら欲しいですか？」

私が高校生向けに行っている講座では、必ずこの質問をします。

「百万円」「一億円」「百億円」「一千兆円」「世界中にあるお金すべて」。これらはすべて実際の講座で出た高校生たちの回答です。

もう一度訊きます、今、あなたはいくら欲しいですか？

次にその金額にした理由はなんでしょうか。書き出してみてください。質問を読んだ時にそんな漠然とした質問をされても、と感じた人もその答えを決めた時に何か理由があったはずです。その理由をぜひ書き出してみてください。

金銭感覚は本来みんな違う

まず、知ってほしいのは、金銭感覚というものはみんなそれぞれに違うということです。「いくら欲しいか」という質問に対して、これだけたくさんの異なった回答が出てくることがそれを表しています。しかし時に私たちはそのことを忘れてしまいます。

年収が分かりやすい例でしょうか。とあるテレビ番組の街頭インタビューで、インタビュアーが道行く会社員の方に「年収はいくらぐらい欲しいですか」という質問をしていました。その人は少し悩んだのち「年収一千万円は最低でも欲しい」と答えていました。しかし、本当にその金額が、その人が幸せになるために必要とする金額だったのでしょうか。テレビや雑誌など、世間に流布されている「一千万円あれば豊かな生活が送れる」といった言葉に惑わされて、なんとなく選ばされていないでしょうか。

年収などの金額は様々なことを計る上で便利なものです。しかし残念ながら欠点もあります。それは、なんとなく計れた気になって、それですべてを理解したと勘違いしてしまうことです。学校のテストで使ってきた偏差値と似ているかもしれません。偏差値は学力を計る上で便利な物差しの一つですが、その人の能力のすべてを表す指標にはなりません。

今の時代は、お金という軸を持って、それに強く囚われてしまい、そこから逃れられなくなっている人が多いように思います。社会に出る前から、偏差値教育などを通してそうした感性が培われているので、それも無理のないことかもしれません。

まず、お金は一つの軸にすぎないと理解する必要があります。お金の欠点やお金との距離をしっかり理解して、お金以外の価値に目を向けることができなければ、お金という軸でしかものごとを語ることができない人になってしまいます。

お金はなんのために欲しいのか

次に私の講座では、「そのお金はなんのために欲しいのですか？」と訊くことにしています。これが理由ですね。そうすると「一生遊んで暮らすため」とか「家を買うため」とか様々な意見が出ますが、総じていえるのは、お金があれば「欲しいものが好きなだけ手に入るから」ということが理由のようです。

しかし、欲しいものが、好きなだけ手に入るようになったら、人は本当に幸せになれるのでしょうか?

先述したように、現代の日本はモノで溢れています。そんな中で企業は消費者に何とか商品を買ってもらおうと、市場に新しい商品や、それまでよりも性能の高い製品を送り込みます。また、「限定百個」「本日限り」「グローバルリーダーはみんな読んでいる」などといった巧みな言葉で消費者を煽ったり、「今年の流行はこれだ」と伝えて、それ以外のものは時代遅れのように感じさせて、購買意欲を刺激したりします。

自分が「必要だから買う」のではなく、「みんなが買っているから」「持ってないと恥ずかしいから」「あったらいいな」となんとなく、買わされている。そんなビジネスに多くの消費者が躍らされています。そのような状態では、欲しいと感じるものに際限がなくなってきます。いつまでも何かを欲しがり続け、

■エル・ペペの愛称で国民からも親しまれたムヒカ元大統領

本当に必要なものには気が付くことができず、いつしか、お金も命も尽きて、今まで買えたものが買えなくなる日がやってくるのです。

国民から愛され、その質素な暮らしぶりで、世界で最も貧しい大統領として知られるホセ・ムヒカ元ウルグアイ大統領は、このような名言を残しています。

「貧しい人とは、何もない人ではなく、欲しがる人のことをいう」

彼にとっては、物欲に飢えてい

る人々が何とも貧しい人に見えたのだと思います。貧困家庭に生まれたムヒカ元大統領は、二〇〇九年の大統領選挙に勝利し、二〇一〇年から約五年ウルグアイの第四十代大統領を務めました。大統領としての報酬の八〇％以上を財団や政府のプログラムなどに寄付し、自身は日本円で月十万円程度の生活をしていたそうです。

私もお金を扱っている人間として同じことを感じることがあります。相続などはその最たる例でしょう。相続が発生しなければ、財産分与という考え方もないので、得るお金は当然ゼロですが、いざ相続が発生すると、もっと自分の取り分があってよいはずだと言い出して、それまで良好だった親族同士の関係が急にギスギスしたものになったりします。すべての相続がそうだとはいいませんが、自分が働いて稼いだお金でもないのに権利だけを主張して、少しでもお金を得ようとする姿を見ていると、ムヒカ元大統領のいう「貧しい人」というものを感じずにはいられません。

精神的に満たされている幸せな人ほど、物やお金を欲しがらず、逆にストレスによって幸せを感じられない人ほど、物やお金を欲しがるように感じます。ストレス解消のための暴飲暴食をしたり、「大人買い」や「自分へのご褒美」と、普段ならすぐに飛びついたりしないようなものまで、つい買ってしまう。そのすべてが悪いことではありませんが、そのたびに、不必要なものばかりに出費をしていたのでは、お金との距離がしっかり理解できているとはいえません。

お金とはなんなのか

お金は、紀元前から存在していたといわれています。お金が生まれる前、人々

は物々交換によって生活に必要な物を手に入れていましたが、人口の増加や社会が複雑になるにつれて、分業が進み、物々交換だけでは様々な問題が生じて都合が悪くなっていきました。そこで、いつでも交換に使える品として、貝殻や金、銀などを選び、それをお金として使うようになったというわけです。

また、経済学上のお金は「価値尺度」「交換手段」「価値貯蔵」という三つの機能を持つものと定義されています。これを分かりやすく説明すると、お金があれば、例えばAという品物は一万円、別のBという品物は五千円というように、金額という一つの尺度の中で、相対的にモノの価値を計ることができます（価値尺度）。

また、お金のなかった物々交換の時代には、もし自分が欲しい物を相手が持っていても、相手が自分の持っているものを欲しがらなければ、交換は成立しませんでした。しかし、お金が生まれたことで、一時的にお金と品物を交換することで、いつでも好きな品物を手に入れることができるようになりました（交換手段）。

さらに、物々交換の時代には、リンゴを持っていたとしても、それが腐って食べることができなくなってしまえば、価値はなくなってしまいましたが、お金は腐ることがありませんから、いつまでも価値が変わらずに、保存しておくことができるのです（価値貯蔵）。

ここで一つ不思議なことがあります。なぜお金には価値があるのでしょうか。一万円札を例に挙げると、本来ただの紙であるはずの一万円札になぜ一万円の価値があるのでしょうか。当然その製造コストは一万円もしません。実際の原価は二十円ほどだといわれています。それにもかかわらず「一万円札には一万円の価値がある」とみんなが思っているのです。

これを可能にしているのはお金の発行者の「信用」です。もしあなたが、一万円と自分で手書きした紙を、お金だと言ってお店に持っていっても何も買うことはできません。それはあなたが発行するお金に信用がないからです。しかし、お金の発行者に信用があれば、それが一万円の価値を持つことになります。日本でいえば、お金の発行者は日本銀行になります。

信用が下がれば、当然お金の価値は下がります。具体的には、国の経済などが悪化することで、その国で発行されるお金の価値が下がり、インフレが発生することがあります。近年ではギリシャなどがその例でしょう。

ここで覚えておいてほしいことは、お金は、人間が自分たちの利便性を考えて生み出した、一つの道具であり、その価値は発行者の信用という、変化するものの上に成り立っていて、決して絶対的なものではないということです。

お金は手段であって目的ではない

類は友を呼ぶという言葉どおり、お金を目的にした生き方をする人にはそのような価値観の人が近寄ってきます。私も外資系の金融機関で働いていたころは、その収入に関心を持つ人たちがたくさんやってきました。中には私からお金を騙し取ろうとする悪い人もいました。「エリートの方々はみなさん、この講座（研修・セミナー）を受講しています」とか「あなたに関心のある企業がいます」とか。その人たちは私にお金がある間は近寄ってきて、いいことばかりを言いますが、私が会社を辞めて独立すると途端に私の周りからいなくなりました。つまり、その人たちは私に関心があったのではなく、私の持っているお

金に関心があったのですね。

私の属している業界では、デイトレーダーと呼ばれる方がいます。日々株式などを取り引きしてお金を儲けようとする方々です。こんな話があります。ある人がデイトレーダーの方に「目標はなんですか」と質問をすると、「一億円稼ぐことが目標です」と言ったそうです。次に質問者が「一億円稼いだらどうされますか？」と訊くと、「次は五億円が目標です」と言いました。さらに、「五億円が手に入ったらどうされますか？」と訊くと、「十億です」と。「では十億が手に入ったらどうされますか？」とさらに質問を続けていくと、「ふざけるな、何が聞きたいんだ！」とその方は怒り出したそうです。

では、なぜこの方は怒ったのでしょうか。確かにしつこく質問をしたことにも原因がありますが、それと同時に、この方自身も、一億、五億、十億といった金額にはなにも意味がないと薄々気が付いているのです。意味がないことを何度も訊かれたから怒ったというわけです。

つまり、お金を目的にして生きてもきりがないのです。なぜならお金は手段であって目的ではない。言い換えれば、人生を生きる目的は「幸せ」になることであって、その目的を果たすための手段の一つとして「お金」が存在するだけなのです。

金額には答えがない、金額を目的にしても意味がない

結局、金額には答えがありません。誤解をしないでいただきたいのは、お金が不要だとか、大切じゃないと言っているわけではありません。現代の貨幣経済の中で生きていくためにはお金が必要です。お金がなければ、衣食住という、

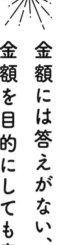

生きていく上で必要最低限のものが揃わないことは事実です。でも自分が幸せな生き方をするために、必要なお金の額が決まるだけだということを忘れないでほしいのです。ものごとの中で重要なことは、順番とバランスです。順番を間違えないでください。「幸せ」が先で、そのあとに「お金」がくるということを。そんなことは、当たり前だと思うかもしれません。しかし、社会人になって働き始めて、その順番が逆転してしまった人たちがたくさんいます。これが逆転してしまい利益追求だけに走ると、不幸を増やし始めます。いつの間にかお金を稼ぐためだけに働き始めてしまうのです。こうなると幸せな働き方からは遠ざかっていくばかりです。

会社も同じで、お金や利益だけを目的にするようになった会社は基本的にダメになっていきます。とにかくたくさんお金が入ってくればよい、となってその先のビジョンがありません。また、儲けるという目標には際限がありません。

先述のようにその金額に意味がないのですから、ある程度まで目標を達成するとやる気がなくなりますし、会社として進む方向が分からなくなってきます。やがて、その状況に疑問や不満を持つ人が出てきて組織がバラバラになっていきます。

お金はよいもの？　悪いもの？

人によっては、お金を神のように崇めたりする人もいますが、本来お金はよいものでもありませんし、悪いものでもありません。

まず何より、お金を使う人のお金との付き合い方が大切なのです。犯罪に使われるのもお金だし、人を救うことができるのもお金だったりします。例えば、人身売買や麻薬の密輸など犯罪に加担したお金もあれば、ワクチンや手術代など人を救おうとするお金もあります。お金の使い方によって、世の中をよくすることもできるし、悪くすることもできます。また、お金ですべてのことが解決するわけでもありません。

製造業に携わる素晴らしい経営者の方々は百円の利益を出すのがどれほど大変かということが分かっていますから、百円を大切に使います。一方で、宝くじなどで自分で大して努力などもせずに手に入れたお金は、百円を大切に使えない心を生んでしまいます。苦労して手に入れたお金ではありませんから、十億当たったうちの百円なんて誤差の範囲だと認識してしまうのです。

お金そのものは意思を持ちませんが、それをどう使うかで、その人の生き方すら変わってくると思います。お金によって自分自身が変えられてしまう、と言っても過言ではありません。だからいい加減な使い方をしていたら、いい加減な人間になってしまう。だからお金とは真剣に向き合わないといけません。

私は宝くじを買うのをやめました。自分の努力がともなわない大きなお金を前にすると人は人生をぶらされてしまう。お金に対する自分の考え方、価値観を持つために、私には宝くじを買わないという行為が必要でした。宝くじを買うなとは言いませんが、私のような弱い人間は、楽をしてお金を稼いでしまうと、お金によって自分の生き方まで悪い方向に変えられてしまうというのもまた事実なのです。

お金の使い方で社会も変わる

お金をどう使うかで自分の生き方を変えられますが、それだけでなく、お金

の使い方によって社会も変わります。この点については、消費と投資という二つの観点から見ていきましょう。

まず、消費という観点では、私たち消費者は日々生活をしていくために、企業が提供してくれる製品やサービスを購入しています。企業の多くはできるだけ多くの消費者に自社の商品を購入してほしいと思いますから、もし消費者の多くが価格のより安い商品を求めれば、企業はその要望に応えようと、価格を安く抑えられるように企業努力をします。しかし、第一章でも書いたように価格には下げられる限界があります。そんな時に企業はどうするでしょうか。極論をすれば、一部の企業では従業員にサービス残業をさせたり、もっとひどければ、途上国で賃金の安い児童労働者を雇ったり、あるいは環境に悪い影響のある薬品を使ったりしてまで生産性を上げ、さらに価格を下げようとします。

もし、消費者が誰もそんなことをしてほしいと思っていなかったとしても、結果としてそういうことが起こってしまう可能性がありますし、実際にそういったことが起こって社会問題にもなっています。

ではどうすればよいでしょうか。まずは、日々自分たちが何気なく買っている製品が、どのようにして作られているのかを知る、またそういうことに関心を持つことが重要です。残念ながら、私もすべての商品に関心を持って、知ることはできていませんが、それでも一つ一つ考えながら買う癖をつけています。そんな中で、あまりにも価格が安すぎると感じるような商品に出会ったら注意が必要です。その価格を実現するために、何かが犠牲になっているかもしれません。またそうした商品を購入することは、そうした企業を結果として支えることにもなってしまいます。

安ければ安いほどいいという価値観を見直すことから始めましょう。それと同時に値段が高ければいいものと考えるのも誤りです。ものには適正価格というものがあります。あなたにとってのその商品の価値が価格と見合っているのかを考えるように心がけましょう。

次に、投資という観点では、消費と同様に「自分が何に投資をしているのか」について関心を持つということが重要です。その部分に関心を持たずに、ただお金だけを追い求めると、例えば、前述した児童労働者を雇うような、非人道的行為をしている企業にも、自分のお金が投じられるようなことが起こります。実際、二〇一七年五月には、国際法で禁止されているクラスター爆弾を製造する会社に、日本の複数の金融機関が投融資を行っていたことが明らかになり、国内金融機関だけでおよそ二十億ドル（約二千二百億円）のお金がこうした企業に流れたことが報じられました。こうしたことが続けば、知らず知らずのうちに社会は悪化していきます。そういう意味で、もしみなさんが投資を始めるならば、自分がどんな企業に投資をするのか、何に投資をするのか、といったことに関心を持つようにしてください。

もう少し投資についてお話をすると、お金を汚いものだととらえて、「投資はマネーゲームだ」と言う人がいます。これも、お金との距離感が分かっていないために起こる誤解です。先ほども述べたように「お金は無表情」ですし、投資とは「投じて資する」、つまり相手に資するから意味があるものなのです。

相手に資することを考えず、自分の利益のみを追求するような投資家が経営者に対して「もっと儲からないのか」と言えば、その経営者は社員に「もっとコストを削減できないのか」と言い、その社員は下請け会社に対して「もっと納品価格を安くできないのか」と言い、最終的には、製品を製造する現場に対して過酷な労働を強いたり、人件費が安いからと、途上国で児童労働をさせたりします。自分さえよければという価値観が、このような悪循環を生みます。

社会を豊かにする「いい会社」を応援するために投資を行っている鎌倉投信

では、投資先と苦楽を共にするという考えを持っています。ですから、運用方針のところでも紹介したように、会社の方針が変わらない限りは保有し続けますし、また短期的に業績が悪くなっても株を手放さず、逆に下がった分を買い増すような方針で運用して実績を上げています。「投資先が倒産しそうになったら鎌倉投信ではどうするのですか」と訊かれることがありますが、そんな時は「最後まで支えます」と答えています。なぜなら、その会社が、これからの社会を豊かなものにするために必要だと考えているからです。

よく「金融機関は晴れの日に傘を貸し、雨の日には傘を取り上げる」といわれます。景気や業績がいい時は積極的にお金を貸しますが、不景気になり業績が落ちると、途端に貸していたお金を回収しようとすることをたとえています。そういう態度は、いってみれば、調子のいい時だけあなたの周りに寄ってきて、調子が悪くなると途端に去っていく人のようなものです。あなたもいいとこ取りだけをしている人は嫌いですよね。しかし、お金を第一に考えた瞬間にそういうことをしてしまうのです。これでは「投資はマネーゲーム」といわれても仕方がありません。

先ほども述べたとおり、「投じて資する」から投資には意味があります。親の子どもへの投資などは分かりやすい例かもしれません。子どもの未来のために行うものですから、相手に資するのです。それができていないものは「機に投じる」、投機にすぎません。こうしたことを理解していないことが、日本に本当の意味での投資家がなかなか育たない理由だと思っています。

自分がまず自分の仕事で社会の役に立つこと。その次に、自分の命を使って稼いだお金で、自分ができない分野の仕事を支えるためにお金を使うこと。その想いが投資で成功するための秘訣です。そして、そういう（投資する人の）意志あるお金が社会を変え、豊かにしていくのです。そのことはあなたの幸せへもつながっていきます。

お金で買えるもの、お金で買えないもの、お金で買ってはいけないもの

また、世の中には、お金で買えるもの、お金で買えないもの、お金で買ってはいけないものがあります。「お金で買えないものが大切だ」といわれますが、そもそも、お金で何が買えるのかが分からないと、お金で買えないものも何か分かりません。ぜひ、お金で買えるもの、お金で買えないもの、お金で買ってはいけないもの、この三つを挙げてみてください。左に挙げたものは、私が考えた例ですが、これ以外にも意外なものが見つかるかもしれません。

■どんなものがあるか、一緒に考えてみよう

【お金で買えるもの】
家、車、洋服、鞄、靴、食べ物など

【お金で買えないもの】
人、親、気持ち、愛情など

【お金で買ってはいけないもの】
ボランティア活動、献血、人からもらったお土産など

お金とのよりよい距離感の保ち方

お金に振り回されるのは、お金とのよい距離感を保てない人、よい関係性を築けない人です。それはその人がお金をたくさん持っていても、お金をあまり持っていなくても関係ありません。お金に振り回される人は、お金の価値だけですべて評価できると勘違いしているのです。

私がこれまで見てきた、素晴らしい経営者たちは、売り上げや時価総額だけでものごとを評価しません。社員のやりがいや、社員の家族が健康で豊かに暮らせているか、自社の取引先が健全な経営をできているかなど、お金で評価できない部分に大きな価値を置いています。経営とは財務諸表に載る数字だけで判断できるものではありません。実際、会社の長期的な成長性と関係しているのは、この財務諸表に載らない要素、つまり見えざる資産だと思います。例えば、将来への投資や人財育成への投資は、すぐに結果に結びつくわけではありませんが、長い期間を経て企業価値に還元されます。

お金とのよい距離感を保つために、ぜひお金以外の価値に目を向けられる人になってください。

第三章

3

「働く」を知る

あなたはなぜ働くのですか？

「あなたはなぜ働くのですか？」

「好きなことをするため」「人の役に立ちたいから」、そんな理由を持っている人もいれば、「働きたくないけど、お金がないから仕方がない」と思っている人もいるでしょう。私も若いころは「働きたくないな」なんて漠然と思っていました。仕事って大変ですし。

一方で、日本には、国民の義務というものがあり、「教育の義務」「納税の義務」とならんで、その一つにちゃんと「勤労の義務」というのがあるのは知っていますよね。日本国憲法第二十七条一項に、「すべて国民は、勤労の権利を有し、義務を負う」と記されています。でも私たちは義務だから働くのでしょうか。まずは「働く」とは何かを知る必要がありそうです。

働くことの根本は他者への貢献

働くという言葉は、「傍《はた》を楽にする」と解釈すると分かりやすいと思います。これは、自分のそばやかたわらにいる人を楽にするために役立つということです。逆に、これを自分のためだけに働くと解釈するとどうなるでしょうか。自分で着るものを縫い、食べるものを作り、自分で家を建てる。自分が生きるために必要なものを用意することは可能かもしれませんが、自分一人でそのすべてを用意することは不可能です。ましてや、木を切る道具や服を縫う針も作らなくてはならないとしたら、そこには膨大な労力と時間が必要になります。だからその一部を「仕事」として誰かの代わりに働くことによって、みんなが豊かに、幸せに暮らせるような仕組み（社会）を作っているのです。

誰かの代わりに働くというのが「働く」ことの本質であり、それによって他者に貢献することでその対価としてお金が得られる。このシンプルな構造が、社会が高度化、複雑化するにつれて、見えにくくなっているように感じます。このことが、人が幸せに生きていくことを難しくしているように思えるのです。

働くことを考えることは、人生を考えること

もしあなたがお金持ちの家庭に生まれて、一生分のお金を持っていたら、働

かないという選択をすることもできるかもしれません。しかし多くの人はそうではありませんし、働かずにお金を得ることはほぼできないので、結果として、働くという選択をする人が多いのが事実でしょう。その意味で、人間はお金のために働くということは否定できません。ただし、お金だけのために働くのはつまらないですよね。

人生の中で働く時期は、主に二十から六十代。人の一生の中で一番気力体力ともに充実している時期です。また、例えば午前九時から午後五時まで働くとすると、（睡眠を除いては）一日の中でも最も長い時間を費やすのが仕事です。人は人生で最も充実して生きることができる時間のほとんどを「仕事」に取られているのです。

ですから、その大切な時間を、お金の奴隷になっている時間にするのか、幸せな時間にするのかは、自分の人生を考える上でとても重要な選択になるはずです。「働く」ことが幸せで、それにより「お金」をいただく。そんなふうに「働く」ことができるようになるといいですね。

お金のために働くのをやめる

人は不幸になるために働いているわけではありません。幸せになるために働いています。世の中には、幸せになりたくない人はほとんどいないはずです。幸せになるためには、その手段としてのお金が必要であり、そのお金は働くという行為で得られる場合が多いというのも事実です。人生の大部分の時間を費やす「働く」という行為にかける時間を幸せなものにするにはどうしたらよいのでしょうか。

一つ言えるのは、お金を稼ぐためだけに働くと幸せになれる確率は減ってしまうということです。人には必ず辛い時や苦しい時など、何かしらの試練が訪れます。その時にお金を稼ぐことだけを目的にしていると、仕事上で失敗することが怖くなります。なぜなら特に会社に勤めている人は、失敗によってお給料やボーナスが減らされるからです。すると人は保守的になって、新たなことに挑戦しなくなるため、本人もつまらないですし、周りもその人を評価しなくなります。最悪のケースでは、自分の失敗を認めなくなり、失敗を他人のせいにし始めます。自分を守るための防衛本能が働き始めるのです。逆に、成功すれば、それをすべて自分の成果だと主張し、他の人たちから自己中心的なやつだと批判されることになったりもします。自己中心的な幸せを望む人からは、周囲の人の心も離れていきます。会社はたくさんの人と一緒に大きなことを成す場所ですから、そうなってしまうと、結果的に幸せになるのが難しくなってしまいます。

じゃあ、独立すれば好き勝手できるだろうと思うかもしれませんが、同じように自分一人ですべてのことはできませんから、自分以外の外部の人に仕事をお願いしなければならない場面が出てきます。そんな時に「お金を払うのだから」と傲慢な態度を取れば、お金がなくなって苦しい時に誰もあなたを助けてくれなくなります。お金を持っている時に寄ってくる人はあなたに興味があるわけではなくて、あなたのお金に興味があるだけです。

ブラック企業や過労死を考える

ブラック企業という言葉がありますが、これは経営者がブラックな場合もあ

ります し、上司がブラックな場合もあります。なぜブラック企業になるのでしょうか。それは、先ほどの自己の利益優先、お金優先の考え方から起こります。企業がお金のみを目的にすれば、社員はただ働きが一番です。従業員を休ませず、サービス残業やひどい労働環境を強いるでしょう。

またそうした労働環境では「もっと頑張らないと評価してもらえない」というプレッシャーや、お客様を欺くような手法を使ってまで利益を上げるように強制されることもあります。ブラック企業で起こる過労死は労働時間の長さはもちろんですが、ストレスがその主要な原因の一つであるといわれています。

近年は企業のコンプライアンス（法令遵守）、コーポレートガバナンス（企業統治）といったことが以前よりもうるさく言われる時代になりましたが、ルールは人の権利を守ってくれますが、人そのものを守ってくれるわけではないので、結局のところ経営者や、現場の上司の言動などで、その会社をブラック企業に感じたり、過労死に至ってしまったりするのです。

繰り返しになりますが、会社は人でできていますから、人が大事です。ですから、あなたがもしこれから社会に出ようとする人ならば、入社前に会社にいる方々の人間力や企業風土に着目する必要があるのです。ブラック企業のような風土がある会社では、たとえ一人一人が素晴らしい人だったとしても、いつの間にかその企業の風土に染まってしまう可能性があるからです。

会社とは何か

一般的に会社とは社員を雇用しながら、営利を目的にする集団です。社員はその会社で働くことを条件として会社と雇用契約を結びます。また、会社には様々なルールがあり、就業規則や個人情報管理規則など社員が守る必要のある規則が多数存在します。社員はこれらのルールを守りながら、仕事をすることになります。労働時間などは一般的に就業規則で規定されていますが、時間外労働に関しては、労使協定を書面で締結して行政官庁に届け出る三六協定《さぶろくきょうてい》によって規定されています。社員は、このように様々なルールの範囲内で、労働を提供し対価である給与など、つまりお金を得ることになるのです。また、社員は、これらのルールに反しない限り、雇用が守られますので、不当な減給や不当な解雇などは、会社が罰せられるようになります。

難しい話のように感じるかもしれませんが、見方を変えると実は会社と社員は夫婦に似ています。夫婦は契約と愛情、そして信頼関係で成り立っています。ここでいう契約は婚姻届のことを指しますが、それだけで縛られている夫婦はぎくしゃくします。愛情と信頼関係があるからこそ、いい関係性が生まれます。

それは会社と社員も一緒です。

では、会社と社員にとっての「愛情と信頼関係」はどこからくるのでしょうか。それは、経営理念という、その会社の進むべき方向性と根本を示したものです。そこには、この会社はなんのために存在するのかという、会社の本質的な意義が書いてあるはずです。経営理念のない会社もありますが、いずれにしても、方向性を示さないと、それぞれが異なることを目指したりします。夫婦でいうと、価値観が異なってしまい、ご主人は将来地方に住みたい、奥さんは将来都会がいいと言っているようなものです。すると一緒にいることはできません。この経営理念と、経営者の社員に対する愛情、そして経営者の行動や人的魅力が伝播し、時間をかけて社風や企業文化となっていくのです。

働くやる気はどこからくるのか

学校での勉強も大変ですが、社会に出てからの仕事も大変です。楽な仕事は一つもありません。辛くてしんどい時もあります。でも勉強が楽しい時もありますよね。いろいろな発見があって。スポーツにも同じような面があるかもしれません。練習は辛いことがあるけど、仲間と一緒に勝った時は嬉しいし、自分のレベルが上がると、それまでには見えなかった世界が見えてくることがあります。それと同じように仕事にもたくさんの発見があります。さらに、その発見が他の人の役に立ったりします。すると「ありがとう」と言われる機会が増えていきます。詳細については後述しますが、人が働くモチベーションを持

って、幸せに働くためには、自分が人や社会の役に立っているという実感が重要なのです。

ただし、ここで一つ気を付けなければいけないことがあります。それは「ありがとう」と言ってもらうことを目的にしてはいけないということです。そうなると、自分がした行為に対して「ありがとう」と言ってもらえないことに不満を感じるようになります。それは、自分の行為に対して相手が応えてくれないという、相対的な評価軸を持ってしまっているからです。「ありがとう」という言葉は、あくまで自分自身が望んでした行為に対して、結果としてたまたまもらえる言葉にすぎません。不満を持たないためには、自分の外側にではなく、自分の内側に絶対的な評価軸を持つ必要があります。それは自分の成長を自分自身で感じるという軸を持つことです。このような評価軸を持てるようになると、もし「ありがとう」と言われなくても、自分自身を成長させ、もっと他者に貢献できる方法を見つけられるように、機会を与えてくれているのだと、前向きにとらえることができますし、むしろそのことに「ありがとう」とこちらから言えるようになります。

このように思うのはすぐには難しいかもしれませんが、私が尊敬する方々はそのようにしています。こういう考え方を持てる人は、試練が訪れても簡単に心が折れたりはしません。どうかこのことを忘れずに、心の隅にしまっておいてください。

働くことと他者への貢献

人が幸せに働くためには、自分が人や社会の役に立っているという実感が重

要です。その実感が、人が自分の存在を肯定し、自分に価値を見出しやすくします。

このような人間の欲求を表現するのに米国の心理学者アブラハム・マズロー
が提唱した「マズローの欲求五段階説」がよく用いられます。「マズローの欲
求五段階説」とは、人間の欲求は五段階のピラミッドのように構成されていて、
低次の欲求が満たされると、さらに高次の階層の欲求を満たしたいと思うよう
になるというものです。

具体的には、最も低い第一階層の「生理的欲求（Physiological needs）」は、人
が生きていく上で欠かせない基本的・本能的な欲求のことで、食事をしたい、
眠りたい、排泄をしたいといった欲求がこれに当たります。この欲求がある程
度満たされると上の階層である「安全欲求」を求めるようになります。

第二階層である「安全欲求（Safety needs）」は、事故や暴力などの危険を回避

マズローの欲求5段階説

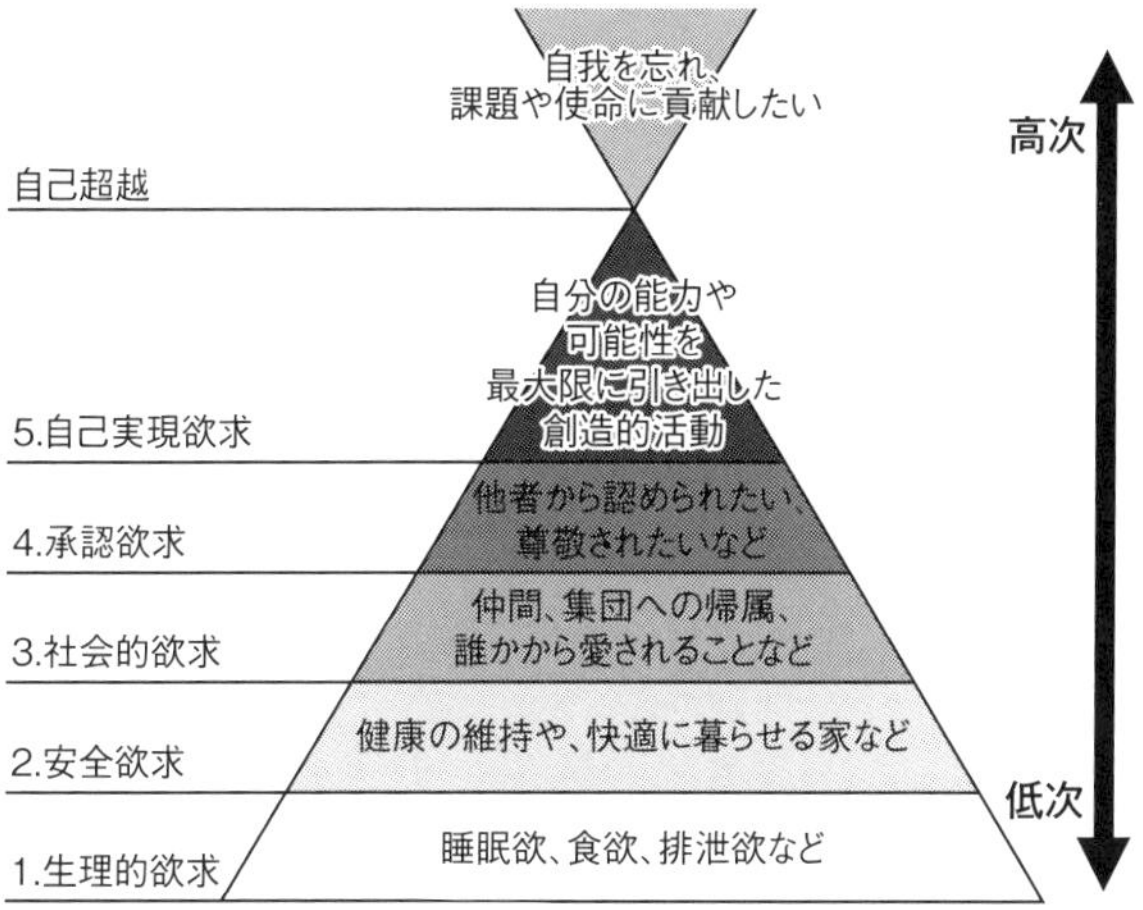

し、安全で安心な暮らしをしたいと感じる欲求のことです。具体的には、良い健康状態の維持や、快適に暮らすことのできる家、豊かな生活を欲したりします。この「安全欲求」が満たされると、次の階層である「社会的欲求」を求めるようになります。

第三階層である「社会的欲求（Social needs）」では、仲間を求めたり、他者から受け入れられることや、集団に帰属すること、誰かから愛されるといったことを望むようになります。この欲求が満たされないと、人は孤独感や社会的不安を感じやすくなります。

第四階層である「承認欲求（Esteem）」は、他者から認められたい、賞賛されたい、尊敬されたいという欲求のことです。自分が価値のある存在だと、周りの人から認められることを求めるようになります。先ほど出てきた「ありがとう」と言われたいというのもこの「承認欲求」の一つといえるでしょう。

最後に、第五階層である「自己実現欲求（Self-actualization）」では自分の能力や可能性を最大限に発揮して、創造的活動をしたり、自己の成長を図って、自分が考える「あるべき自分像」を求めるようになります。

さらに、マズローはその晩年において、五段階の欲求階層の最上位である「自己実現欲求」のさらに上に、「自己超越（Self-transcend）」という階層があるとしました。この第六階層である「自己超越」は、見返りも求めず、自我を忘れてただ（自我を超えた）目的のみに没頭し、何かの（社会的）課題や使命に貢献したいという状態を指します。「ありがとう」と言われなくても目的のために黙々と行動するレベルともいえるでしょう。

学校は答えのある世界、社会は答えのない世界

多くの人が学校の授業では正解を探し求めてきたと思います。この問題の答えは何か、この数式の答えは何かと。学校のテストが分かりやすい例ですが、当然すべての問題には、先生が答えを用意していますから、当たり前ですが事前に正解が決まっています。しかし、社会や会社にはこれが唯一の正解というものがありません。つまり、答えが事前に決まっていないということです。

例えば、あなたが新しいジュースを開発するとします。開発に際し、どのフルーツを選ぶのか、複数のフルーツをミックスするのか、酸味の強いものにするのか、甘味のあるものにするのか、原材料は国産にするのか、海外産にするのか、など様々なことを決める必要がありますが、そこにこれが正解という答えはありません。これまで学校という答えがある世界で生きてきた人は、社会に出て経験するこの状況に、始めのうちはとても戸惑うかもしれません。でも安心してください。答えがないというのは楽しいということでもあるのです。

学校では、勉強ができる子がテストで高い点数が取れたかもしれません。でも、実際の社会では、学校でテストの点数が高い人が起業すれば成功するわけではありません。学歴がなくても（高卒だって）上場企業の社長になれます。実際に、現在のパナソニックを創り、経営の神様と呼ばれる松下幸之助さんや自動車のホンダを創った本田宗一郎さんなどがそうですし、最近の例では、ZO

ZOTOWNを運営しているスタートトゥデイの前澤友作さんや、カレーハウスCoCo壱番屋を創業した宗次徳二さんなどがいらっしゃいます。

正しい答えを探すことより、自分が持っていない、多様な考え方や意見を聞き、新たな方向性を考え出す。それが社会に出る面白さだと思います。

答えがないからこそ続けられる

人生、最初から結果や答えが分かっていたら、やる気になれませんよね。失敗することが最初から決まっていれば、新しいことに挑戦もしないし、勝てることが分かっている試合ではドキドキもしません。人生は分からないから不安だし、失敗もします。でも、だから面白いのです。

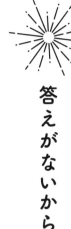

理系の私は、もともと数式が好きで、ゲームが好きで、オタクで、将来は研究者になるほうがよいと思っていました。でもそうはならなかった。

頑張って入った会社では難病にかかって、会社を辞めなければならず、人生に絶望したこともありました。でも、そこから起業して、いろんな人に出会うことができました。学生のころは自分がこんなふうに本を書くなんて思ってもいませんでしたし、希望してもいませんでした。私の今のこの状況は、私が想像していた未来とは違ったかもしれません。でも今、私はとても楽しいし、幸せです。

答えがないからこそ続けることができる。そして私は私であり、あなたはあなたです。あなたの人生を生きられる人はあなたしかいないのです。たった一度しかない自分の人生で、挑戦せずに後悔するような選択をするのは、つくづくもったいないと思います。

第四章

「幸せ」を知る

4

幸せってなんだろう

これまでの章で何度も「幸せ」という言葉が出てきています。しかし、そもそもあなたにとって幸せってなんでしょうか？

ほとんどの人は幸せになりたいと思っているはずです。世界中を旅行すること、美味しい料理を食べること、好きなマンガを読むこと、なんでもよいので自分にとっての幸せを書き出してみてください。そして自分以外の人の幸せを聞いてみてください。きっと、同じ人もいれば違う人もいるはずです。

また、「幸せな人」と聞いてあなたはどんな人をイメージするでしょうか。「成功している人」「華やかなことをしている人」「有名な人」「スポーツ選手」

「テレビに出ている人」「影響力のある人」「地位や名誉のある人」「一流会社に勤めている人」。そんなイメージを持つかもしれません。

一方「不幸な人」はどんなイメージでしょうか。「失敗をしている人」「無名な人」「お金のない人」「影響力を持っていない人」「地味な仕事をしている人」「地位も名誉もない人」「小さな会社に勤めている人」。こんなイメージを持っているかもしれません。

私もかつて「一流の大学に入り、一流の会社に入る」、こんな目標を持っていました。そうすれば幸せになれるのではないかと思っていたのです。しかし、それが意味のないことだと知った今は、そのころの自分を恥ずかしいと感じています。そもそも「一流」とか「二流」ってなんでしょうか。各分野で「一流」と「二流」の区分や差はあるかもしれません。確かに、「一流」と呼ばれるような大学に行けば、選択できる幅は実質的に増えるし、いまだに出身大学によって、就職できる会社とできない会社があるのも事実です。でも「一流と呼ばれている会社」に入ったからといって、「幸せになれる」わけではありません。それどころか「一流と呼ばれる会社」に入って過労死してしまうようなことも起こっています。その意味では、根拠のないものに「流されてきた」と、いまさらながらに感じています。

人が目指すべき幸せは他者との比較による相対的な目標ではなく、自分の中にだけある絶対的なものなのだとようやく気づいたのです。私は今の仕事を始めてから、様々な分野で、幸せを感じながら仕事をしている人たちと一緒に活動することができるようになりました。今どきの言葉で言えば、「リア充」ということになるのでしょうか。その人たちは、誰一人として他者と比較をすることができない、オンリーワンの存在の方々ばかりです。各業界で「一流」の仕事をしている人たち。それは会社の規模とかではなく、私の価値基準で尊敬できるという意味の「一流」。私はこうした出会いによって、絶対的なものを自分の中に創ることができました。

別の角度でいえば、「あなたの幸せとはこういうものだ」と自分以外の誰かに勝手に決められたらいやですよね。「あなたは仕事をし続けることが幸せです」とか、「あなたはこの会社で働けば幸せです」とか。「それはあなたの価値観であって、私の価値観ではない」って言いたくなると思いませんか。本来、幸せの価値観は多様で、これが唯一の幸せだというような、誰にでも当てはまるような正解は存在しないのです。その正解を決められるのは、他の誰でもない、あなた自身だけだということをどうか忘れないでください。

幸せは自分の中で感じて、自分の中で作る

　また、人の判断というのは、すべてが合理的なわけではありません。特に幸せに関しては、合理的な幸せなどありません。幸せは、理屈ではなく、感じるものであり、自分の中で感じて、自分の中で作るものです。例えば、趣味で収集している使い古しのきれいな切手のように、一円にもならないものが大切だったり、親友にもらった音の出なくなったＣＤを大事にしたり。他の人にとっては価値のないものが大切だったり、その人を幸せにしてくれたりします。特にお金で買えない幸せ、具体的には思い出や愛情、信頼などには、合理的な判断はありません。合理的な趣味なんて楽しくなさそうですし、合理的な思い出

といわれても、何が合理的だか分かりませんよね。

しかし、経済学上は、（私が仕事をしている投資の世界でも）人は基本的に合理的に行動するものだと考えられています。例えば、同じ粗大ゴミを捨てる費用が、A社にお願いすると二百円かかるのに対し、B社にお願いすると三百円かかるとします。処理方法や、家からの距離といったすべての条件が一緒だった場合、すべての人は二百円のA社を選択しますよね。わざわざゴミを処分するのに高いお金を支払う人はいません。

人はこのように合理的に行動する場合もあれば、幸せの場合のように、非合理的に行動する時もあるのです。

合理的に考える経済学が見落とすもの

経済学では基本的に人は合理的に行動するものだと考えられていると、先述しました。しかし、ここで気を付けなければいけないことがあります。それは、経済学や統計学というのはおおよその傾向を分析するのには適していますが、それがすべてだと考えてはいけないということです。

森と木の関係性にたとえると、経済学者や、アナリストが世界経済の動向を分析する時には、経済の全体的な傾向を見たいので、彼らは経済という森を見ようとします。すると、森の平均的な木の特徴を考えます。ここは樹齢三十年、十メートル程度の針葉樹が生えている森だなと。そのことを前提条件としても

■森ばかりを見ていると見落としてしまうものがあるかも

のごとを考えることになります。

しかし、この時に森ばかりを見ていると、そこに生えている個々の木を見ずに、森全体に平均的な木だけが生えているように誤解してしまうのです。みなさんも実際に森に行けば分かるように、森は全部違う木でできていて、同じ木など一本もありません。ここでいう一本一本の木というのは、消費者であるみなさん一人一人のことです。つまり経済も、みなさんそれぞれの活動の結果でしかないということです。

これと似たようなことが人の幸せについても起こっています。これまでは、各国の「豊かさ」を比較する際に、経済的な指標であるGDP（Gross Domestic Product：国内総生産）が用いられ、GDPの高い、経済的に豊かな国に暮らす人ほど、幸福であるという理解がされることも少なくありませんでした。しかし、ここ最近の調査では、経済的な豊かさと個人の幸福が必ずしも相関しないといった調査結果が示されるなど、GDPの高さが個人の幸福につながっていないことが指摘されるようになってきたのです。森ばかり見ていたために、一本一本の木のことが見えなくなっていた一つの例といえるかもしれません。

ちなみに、南アジアにあるブータンという国では、経済的な指標であるGDPの代わりにGNH（Gross National Happiness：国民総幸福量）という独自の指標を採用しています。第四代国王であるジグミ・シンゲ・ウォンチュック国王が提唱したもので、国家の問題が経済成長だけに特化されることを心配し、ブータンで優先されるべきなのはGDPではなくGNHだと決めたのです。具体的には

①持続可能な公正で公平な社会経済の発達
②文化的、精神的な遺産の保存、促進
③環境保護
④しっかりとした統治

を四つの柱として、年によって質問項目は異なりますが、「家族は互いに助け合っているか」「睡眠時間はどれくらいか」「植林をしたか」「医療機関までの距離はどれくらいか」「自分を幸せだと思うか」「自殺を考えたことはあるか」「人をどれだけ信用できるか」などのアンケート調査を二年ごとに国民に実施して、独自の指標として打ち出すとともに、その改善を目標としています。

他人の価値観で生きていないか

人というのは弱いもので、他人の価値観に流されてしまうことがあります。

みんながよいと言うからこれはよいものなんだろうとか、なんとなく話を合わせておかないと変だと思われるからそうしようとか、世の中の流れや流行に合わせないと取り残されてしまうからそうしようといった考え方がまさにその例といえるでしょう。これは自分の価値観（幸せの物差し）ができていない証拠です。

他の人がなんと言おうとも、自分がいいと思うことをやる。自分の中に評価軸を持つことが幸せにつながっていきます。

また、流されているという意味では、テレビや新聞に出ていることすべてが、真実だと鵜呑みにしてしまうのもその一つかもしれません。例えば、テレビのニュースで猟奇的な殺人事件がセンセーショナルに取り上げられたりすると、私たちは、そういった事件の件数が増えているような印象を持ちますが、実際には殺人事件の被害者数は年々減っていたりします。

少なくとも、それが事実なのか、そうでないのか、あるいは本当にそれが、その人の意見なのか、そうでないのかといったことをきちんと見極めて、ものごとを判断する必要があります。印刷物や放送などメディアと呼ばれるものからもたらされる情報は、無意識にそのまま受け入れてしまう危険があることをきちんと認識しておきましょう。

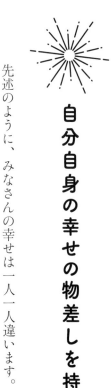

自分自身の幸せの物差しを持つ

先述のように、みなさんの幸せは一人一人違います。幸せにおいて、誰にでも適用できるような絶対的な価値観など存在しません。その人その人にとっての幸せの価値観が存在するだけです。ですから、他の誰でもない、あなた自身にとっての幸せの物差しを持ってください。そして、それをぜひ書き出してみてください。

私にとっての幸せの物差しは二つあります。一つは、愛されたい人から愛してもらうこと。別に万人に愛される必要はありません。また、愛されたい人となると恋愛のことだと思う人がいるかもしれませんが、ここで言っているのは

■あなたの幸せの物差しは、どんな物差し？

博愛です。恋人のような特定の個人ではなく、博愛だったら性別に関係なく愛してもらえます。特にお客様から愛されるのは嬉しいですね。そしてもう一つは、自分が尊敬している人から、「お前のやっていることは素晴らしい！」って褒められること。いい会社の代表格である伊那食品工業の塚越会長から「新井君に期待している」と言われた時には、この上ない幸せな気持ちになりました。どちらもお金では買えない、私が考える絶対的な基準です。あなたにとっての幸せはなんでしょうか。自分の心の中を見直してみましょう。

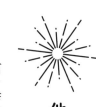

他者への貢献が幸せを生む

何を幸せとするかの基準はあなた自身の中にあると書きました。ですから当然、幸せな人生かどうかを判断するのもあなた自身です。いってみればそれは自己満足ということです。ですから、最高の幸せとは最高の自己満足を持つということでもあるのです。

では最高の自己満足とはなんでしょうか。自己満足なのであれば、自分さえよければ、楽しければいいじゃないかと思うかもしれません。しかし、人は人の役に立ったり、「ありがとう」と感謝されたりするほうが幸せを感じるようにできています。これは前出の「マズローの欲求五段階説」における、第四階層の「承認欲求」にあたります。さらに、使命感からくる絶対的な確信によって行動を起こし、結果として関わる人々が幸せになっていく。これは第六階層である「自己超越」です。見返りも求めず、自我を忘れてただ目的のみに没頭し、何かの課題や使命に貢献したいと望む状態を指します。これを客観的に評価するならば、自我が消えた状態で人の役に立つ、つまり「ありがとう」と言われることを目的にせず、しかし自然と関わる人々に「ありがとう」と言われるような状態とでもいえばいいでしょうか。だから最高の自己満足とは、自我をなくして他者の役に立ち、貢献するということになります。

利己と利他の一致

第六階層である「自己超越」においては、自分のための利己と相手のための利他が一致します。なぜなら、自分が幸せになるための自己満足が、人の役に立つことという利他になってしまうからです。自分の幸せのために、他者に貢献をする。主体が自分自身にあるということが重要です。そうなると人は強くなれます。なぜなら見返りを求めないからです。「ありがとう」と言われるという見返りが必要なくなり、感謝されようとされまいと関係ありません。自分はそれがやりたいからやるのです。

利己と利他の一致のイメージ

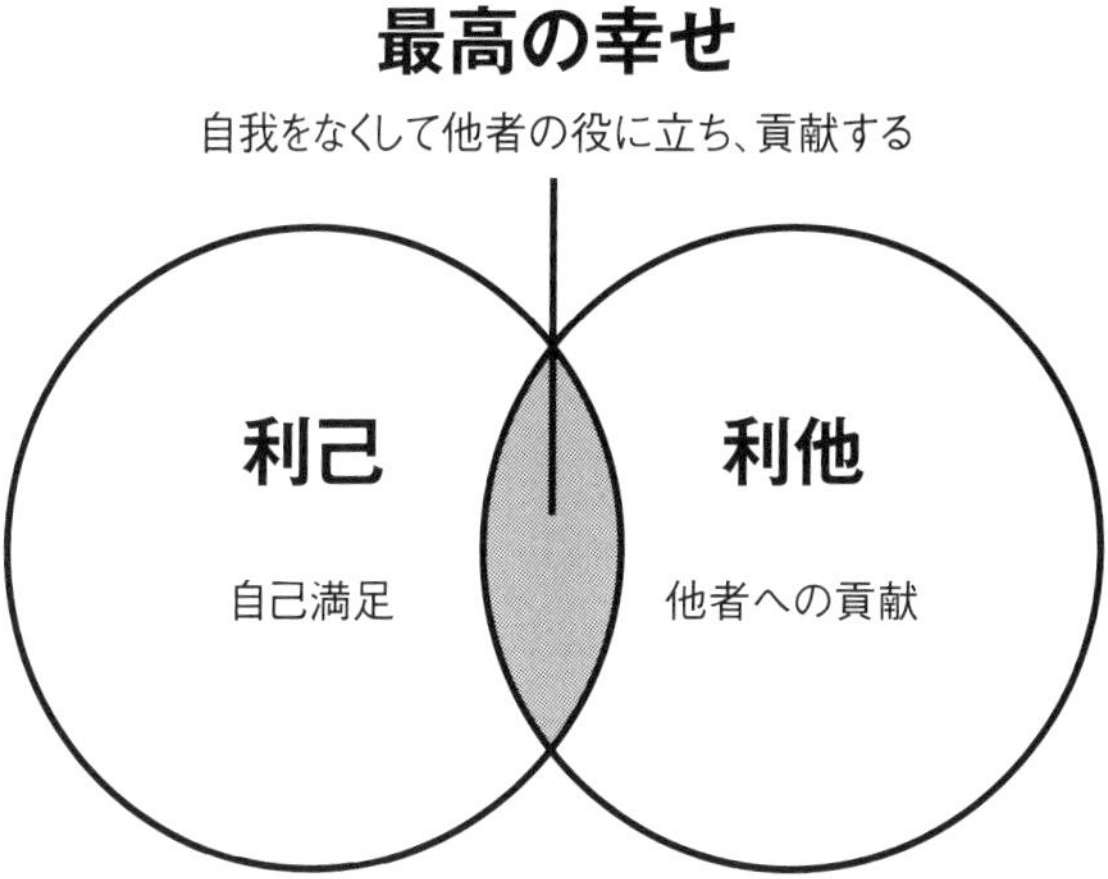

マザーハウスという会社があります。この会社は「途上国から世界に通用するブランドをつくる」という経営理念を持っています。バングラデシュのジュートやレザーなど、途上国で見つけたオリジナルな素材を用いて、その国にあった生産方法でバッグなどを製造し、世界中に届けています。現在では、百八十人以上を雇用する工場をバングラデシュに持ち、店舗も国内だけでなく、台湾や香港な

ど海外にも展開していますし、最近ではネパールやインドネシア、スリランカでストールやジュエリーも生産しています。

このマザーハウスを設立した山口絵理子さんは、当時アジア最貧国と言われていたバングラデシュにバッグの工場を建てましたが、素材などを持ち逃げされてしまいました。その困難を乗り越えられたのは、現地の人たちのためだけでなく、自分がそれをやりたいという信念を持ち続けられたからでした。山口さんが見返りを求める人だったら、きっと心が折れていたでしょう。

他人の幸せのためだけに働くのは続きません。なぜなら、他人の幸せのためだけに働くのは消耗し、疲弊していくからです。やはり、働くことに対して、自分なりの喜びや意味を見出せなければ持続できないのです。山口さんのように裏切られることもあります。そんな時に投げ出さずに続けていくために、利他もすべて自分の幸せのため（利己と利他の一致）という考え方が重要です。

また、そんなふうに見返りを求めず人のために尽くすと、予想外の方向から何万倍ものエネルギーが返ってくることがあります。それは友達や家族、他者の応援や感謝の言葉です。不思議なもので、私は、見返りの言葉を求めなくなってからのほうが、そういった言葉をかけてもらえることが多くなりました。

かつて仕事をする中でこんな言葉をかけていただいたことがありました。以前に面倒を見ていた学生が社会人になって、私に健康器具を贈ってくれたのですが、その中の手紙に「本当の親ではありませんが、あなたを血縁のない親だと思っています」と書いてありました。また、経営者の方からのお礼のメッセージには「どんなことがあっても新井さんに何かあった時は世界中から駆け付けることを決めています」と書いてありました。私は、お金がなくてもこんな宝を持っています。友達や家族、他者の応援こそが私のような弱い人間を強くしてくれます。前に進む勇気をくれるのです。

第五章

5

あなたらしい幸せの見つけ方

必要とするお金を最小にする

まず「お金」に縛られない働き方をするためには、自分が必要とするお金を最小にするのが一番です。そうすることで、お金が余る確率が増えますから、少ないお金で幸せになれるのであれば、結果的にお金に縛られる確率が減ります。具体的には、なんとなく一般的にいわれている「年収一千万円」が必要と考えると、「年収一千万円」がないと幸せになれないと考えてしまいますが、「年収二百万円」でも幸せになれると考えられれば、幸せになれるケースがそれだけで増えるということになります。「収入を気にしないでいいのなら、違う仕事をしたい」とおっしゃる方が時々いますが、こういうケースは、まさしくこ

年収400万円のAさんとBさんの例

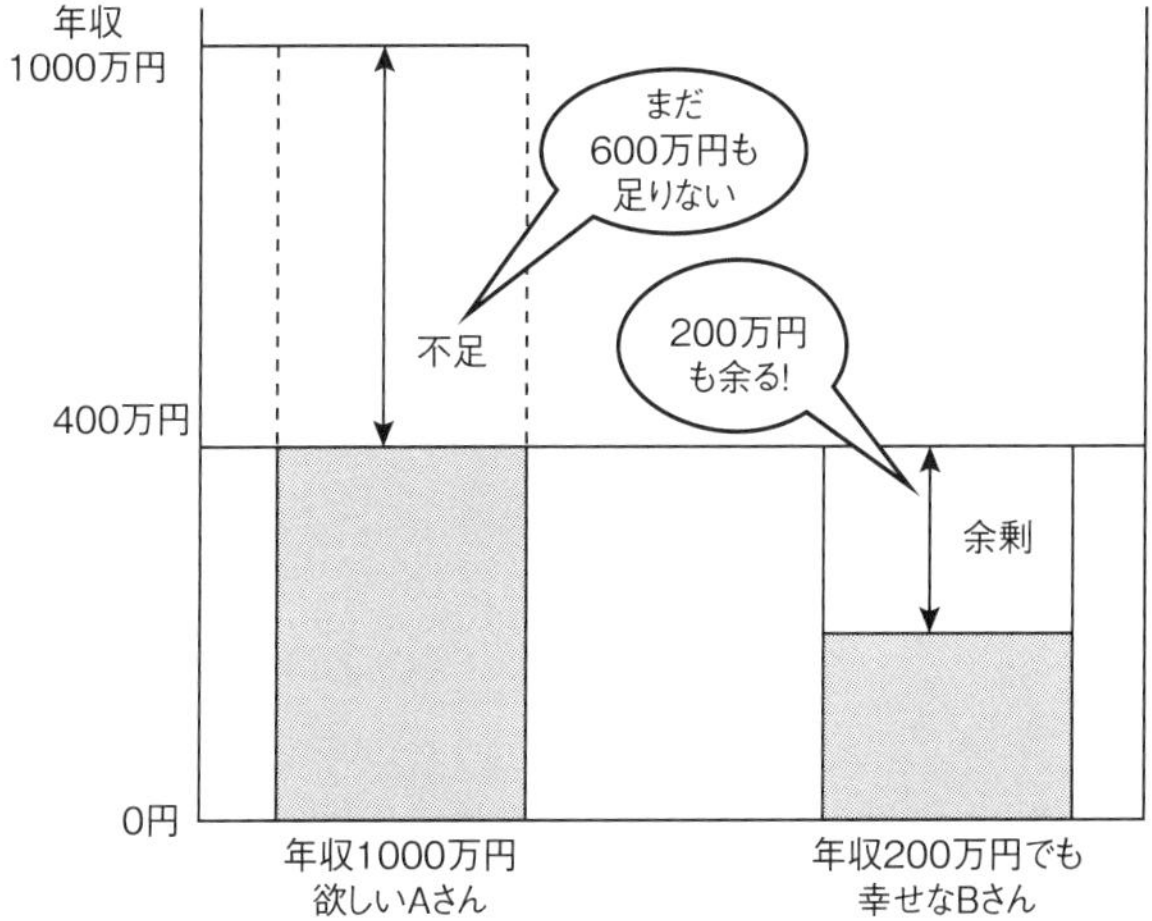

のお金に縛られている状況です。

では、自分が必要とするお金を最小にするにはどうすればよいでしょうか。それは本当に必要なものを必要な分だけ買うことです。何をそんな当たり前のことをと思うかもしれませんが、私たちは意外とそんな当たり前のことができません。友達の誰かが持っているからとか、流行っているからとか、ストレスがたまるからとか、つまらないからとか、将来が不安だからとか、まとめて買うと安いからとか、そういった理由でいつの間にか出費をしていたりします。そして、世の中には、そんな人の弱さに付け込む商売（勧誘）が溢れています。テレビやネットの広告も一緒です。もし、自分に本当に必要なものが分からなければ、ご両親や、信じられる人生の先輩に教えてもらうとよいでしょう。きっと、こんなものはいらないよと教えてくれるはずです。

私ならば、将来の不安に備えることを考えるよりも、今の自分の中身が成長するような投資をしなさいと言うでしょう。投資という面では、私も若いころは自分のためにたくさん投資をしてきました。やみくもに本を読んだり、資格を取ったりと、ずいぶんと無駄なお金の使い方をしていた部分もあったように思います。今になって感じているのは、

①ネットや本、また家族から素晴らしいと感じる人を知る

②素晴らしい人に出会う

③その価値観に触れ、前に進む

この順番で進めばよかったなと思っています。

また、素晴らしいと感じた人が薦める本をすべて読むのもよいでしょう。これにより無駄な出費を減らせ、なおかつ成長にも役立ちます。この方法だと自分の価値基準がないように感じる人もいるかもしれませんが、実際に本を読んでみて違うと思えば、自分とは価値観が違う人なのだと判断すればよいのです。

お金で仕事を選ばない

お金のためにだけ働いても幸せにはなれないということはすでにお伝えしました。ですから、仕事を選ぶ時も給料の多い仕事を選んでも幸せになることは

できません（逆に給与が少なければ幸せなどということもありませんが）。ましてや、これからの時代はもっと人間力が必要な仕事が評価されるようになります。ここで私がいう人間力とは、分かりやすく言えば人間にしか備わっていない能力とでもいえばいいでしょうか。例えば、哲学などの抽象的な概念を扱うことができるのは、人間にしか備わっていない能力ということができるでしょう。

これからの時代は、ＡＩなどの科学技術の目覚ましい発達によって、暗記や記憶、労働力はロボットにどんどん置き換えられていく可能性が高くなります。二〇一五年に野村総合研究所とオックスフォード大学が共同で行った、国内六百一種類の職業を対象にした試算では、日本の労働人口の約四九％が人工知能に代替可能であるとの報告があります。この結果がそのまま現実の未来になるとは言い切れないとしても、少なからずこうした方向性に社会が向かっていくことは避けられないでしょう。そうなった時に、人間は人間にしかできないことを目指さないと仕事がなくなってしまうかもしれません。例えば、感性を活かしたような仕事、新たなものを創造する仕事、効率を考えない仕事など知識に依存しない仕事が必要とされるでしょう。

逆に、これからなくなるかもしれないと言われている仕事の中には、難しい資格を取る必要がある高収入の仕事も含まれていて、「会計士」や「公務員」などがその例として挙げられています。そういった意味でも、特にこれからの時代は、お金や安定だけで仕事を選択すると、不幸になってしまう可能性は高くなるのです。

このように、これからの社会では、知識を占有することが難しくなりますし、記憶を使ってやっていく仕事は必要とされなくなっていきます。また、これからの時代は、「競争ではなく、共創する時代」になっていきます。情報をオープンにして、独自性の強いものをみんなで創り出していく。そのためには「共感」という軸が必要であり、そのためには会社（仕事）に大義が必要になってきます。そういう前提に立つと、これからの会社は今まで以上に経営理念が重要視されるようになると、私は考えています。

業種で仕事を選ばない

仕事を選ぶ時に、これまでは、どの業種やどの業界に入りたいだろうかと考えるのが一般的でした。しかし、これからは業種や業界と言っている時点ですでに古い考え方に囚われています。

なぜなら、副業をするのが当たり前の社会がもうすぐこようとしているからです。鎌倉投信の投資先であるＩＴ企業のサイボウズでは、社員の副業を積極的に奨励し、その際に会社への申請さえ不要といった取り組みを行っています。実際に、この会社で働くと同時に、同じく鎌倉投信の投資先で、キャンプ用品の製造販売を行っているスノーピークでも働いている方がいらっしゃいます。

私が見ている多くの会社は、すでに業種や業界という狭い、凝り固まった線引きに合致しません。例えば、投資先の一つで、愛媛県の今治でタオルを製造しているイケウチオーガニックという会社では、食品安全のマネジメントシステムの国際規格であるISO22000認証を取得しています。製織工場が食品安全に関するこの認証を取得するのは世界的にも異例のことです。タオルの会社が食品工場の基準を意識する理由は、「赤ちゃんが口に含んでも安全なタオルを作りたい」から。食べて美味しいかどうかは別にして、将来的には、もし赤ちゃんがタオルを食べてしまっても問題ない（安全な）製品を作るために行動しているのです。

こうした例を見ても、特定の業種や業界で収まっている会社は、もはや考え方が古いのかもしれません。そもそも業種や業界の区分というものは昔からほとんど変わっていません。そんな中で、革新的な会社というのは、こうした区分を軽々と乗り越えていく、あるいはそうした古い区分の中には収まらない会社なのだと感じています。

仕事選びについて、もっと極端な話をすれば、今後成長する産業かどうかなんてどうでもいいのです。よく、高齢者ビジネスがこれからは伸びるとか、シェアリングビジネスが伸びるとか聞きますが、現時点で伸びる産業だと分かっているということは、結果的に競争に巻き込まれる可能性も高いということです。むしろ、成長するかどうかより、社会に必要とされる仕事かどうかのほうが重要です。

どの業界で働くかではなく、与えられた中で何をするかにこだわる

はじめにの章でもお伝えしましたが、みなさんが就職活動をする際、すべての業界や会社を深く知り、見ることは時間的にも物理的にも不可能です。でも安心してください。私の場合も実は、業界もたまたまの出会いと興味でしかありませんでした。

就職をする時に、父はお金に苦労したことから「おまえはお金になる仕事をしなさい」と言われ、信託銀行に就職しました。でも今は、この本を読んでくださっているみなさんがご存じのとおり、こんなふうに幸せに働いています。

一般的には、ご両親や知り合いが働いている業種、憧れている業種、あるい

はたまたまご縁があった業種などに就職することになるでしょう。その時に、どの業界で働くかということよりも、その会社に入って与えられた中で何をするのかのほうがよっぽど重要なのです。

本質を見る目を養う

多様な価値観が存在し、「本物」と「偽物」が混在する現代社会の中では本質を見極める目を持つことが重要です。では、どうしたら本質（本物）を見る目を養えるのでしょうか。それにはまず本物とは何かを知る必要があります。

第二章でも述べましたが、金額が高いからよい、金額が安いから悪いという判断では、本物を見分けることはできません。また、安ければ安いほどよいという価値観も問題です。大切なことは自分の中にぶれない価値基準を持つことです。

その一つの基準は、長い時間を経ても価値を感じられるものであるということではないでしょうか。普遍的なものの中には時間が経過しても価値が衰えるどころか、より輝きを放つものがあります。歴史的な建造物なんかがそうですよね。また、物理的に存在するものではなくても、輝きを放ち続ける考え方、ものの見方なども存在します。

さらに、本物を見極めるには、「本物」の人に触れるということも有効な手段かもしれません。私が「本物だな」と感じる人は、仕事に向き合う姿勢と人としての在り方が共感できる方ですね。仕事と生き方の両方が合致している人は、本物である場合が多いと思います。でも人間ですから完璧な人間はいません。自分が間違っている時に、その間違いを素直に認められるような愛嬌も重要です。

さらに、尊敬する人、すごいなと思う人、こんな人になりたいと思える人がいたら、その人の話を聞いたり、その人が薦める本をすべて読んでみたりすることです。人の身体が、その人が毎日食べているものからできているように、人の心は毎日出会っている人や本からできているのです。私もそういう人に出会い、彼らが薦める本を読んだことでこれまで日々成長できたと思っています。本書の巻末では私が幸運にも出会えた「本物」の方々と、私の薦める本や訪れてほしい場所を紹介しています。ただし、これはみなさんが「本物」を探すためのヒントにすぎないということを忘れないでください。自分自身の軸を創るためにも、私の基準に流されないことも重要なのです。

第六章

6

社会を形作るもの
すべてに感謝を

一生トイレ掃除をするなら年収いくらだったらやりますか？

「一生トイレ掃除をするなら年収がいくらだったらやりますか？」

これも、高校生向けの講座で私が必ずする質問です。

「三百万円」「五百万円」「一千万円」「五千万円」「一億円」「いくらもらってもいや！」。高校生たちからは毎回本当にいろんな回答が出てきます。

ぜひあなたも考えてみてください。そして、なぜその金額でやろうと思ったのかも書き出してみてください。また、どんな金額をもらってもいやだという方は、その理由を書き出してみてください。

実際の講座では、「一生はいやだから、これだけのお金をもらえないとやりたくない」とか、「もっと感謝される仕事をしたい」とか、「公衆トイレの掃除だけは汚いからいやだ」といった意見も出てきました。いずれの場合も、どちらかというと否定的な意見が多いようです。なぜでしょうか。

この根底には、トイレ掃除への偏見があります。トイレは汚いし、そんな仕事は収入の低い人がやる仕事と考えているのではないでしょうか。しかし、それは本当でしょうか。

私たちの会社、鎌倉投信では、トイレ掃除は社長の仕事です。なぜか分かりますか？　社長は社員が心地よく働いてもらうために、仕事をすべきだと考えているからです。一般的な企業の組織図は社長を頂点としたピラミッド型ですが、社内での行動は逆ピラミッドにすべきだと考えています。社員を支えるために社長が行動する。そうすれば、真にフラットな組織になれるのではないかと思うのです。

自分がやりたくない仕事をやってくれている人がいる

現代社会においては、基本的に職業選択の自由があります。ですからあなたがどんな職業につこうと自由です。しかし、誰かがあなたが選ばなかった仕事をやってくれないと社会はまわりませんし、会社もまわりません。だからこそ、自分がやらない仕事をしてくれている人に感謝ができなければなりません。私の代わりにやってくれているという考え方が、幸せを呼び込む第一歩だと思います。

自分がやらない仕事をしてくれている人がいて初めて社会が成り立っている。そういう人がいて、自分が活躍できる。私がこの本を書けるのも、私以外の多くの人の力があるからです。私がこの本を書けたのは自分だけの力だと考えるようになったら、また本を書いてほしいとは、誰も考えないでしょう。それが仕事というものです。

ハーバードが認めた、世界一の「お掃除」

ハーバード大学経営大学院の、ＭＢＡ（経営学修士）の必修科目で採用され、ケーススタディとして最高の教材と言われているのが日本の企業・ＴＥＳＳＥＩです。新幹線の車内清掃の会社で、「7分間の奇跡」と呼ばれています。

ＴＥＳＳＥＩの正式名称は「株式会社ＪＲ東日本テクノハートＴＥＳＳＥＩ」。名前のとおり、ＪＲ東日本グループ傘下の会社です。

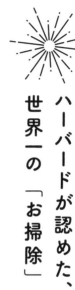

主な仕事は、上越新幹線や東北新幹線の車内清掃です。新幹線車両が駅のホームに到着してから折り返して発車をするまでの時間は約十二分。お客様の降車に二分、乗車に三分という時間が必要だそうですから、実際に清掃に使える時間はたった七分間しかありません。定刻どおりに新幹線の運行が可能なように、この七分間に、新幹線の車両内をトイレも含めて隅々まできれいにし、忘れ物がないかなどまでチェックするのです。この清掃の様子をたとえて、米CNN番組内で「7 minutes miracle」(7分間の奇跡)と紹介されたのです。

私も外資系の金融機関で働いていましたのでよく分かるのですが、米国では特に理解することが難しいケーススタディでしょう。なぜなら米国では、MBAを取得したような高学歴の人がやることと、そうでないことが日本よりもはっきり分かれています。ですから、いわゆるオフィスワーカーの人が会社のオフィスでゴミを拾ったり、トイレを掃除したりしていると、「私の仕事を取るつもりか！」と怒られることすらあります。実際、私は出張中のサンフランシスコのオフィスで怒られたことがあり、あとから現地の同僚に聞いたところでは、米国ではこうした仕事は低所得者がやる仕事であって、それを他の人がしてしまうことは、その仕事を彼らから取り上げることになるからだと、教えられました。

ですから、そうした価値観の彼らから見ると、ＴＥＳＳＥＩの仕事は驚愕に値します。清掃活動に誇りを持ち、時間内に見事に終わらせるだけでなく、お客様への気配り、心遣いができる。どうしたら、清掃をする社員がそこまでのプライドを持つことができるのだろうかと。

しかし、これは米国だけの話でしょうか。この章の冒頭のトイレ掃除の質問に話を戻せば、日本でも一緒なのではないでしょうか。トイレ掃除に対する否定的な回答は、清掃を仕事にしている人に対する、みなさんの偏見からきているものだと教えてくれます。ＴＥＳＳＥＩのみなさんは東京駅のＪＲ東日本側、東北新幹線や上越新幹線のホームにいらっしゃいます。ぜひ実際に自分の目で見て彼らの仕事を感じてみてください。

小さな仕事が大きな仕事につながる

私はよく鎌倉投信にくるインターン生に問いかけます。「あなたにとってコピーは作業ですか？　それとも仕事ですか？」と。

みなさんは、ここで言う「作業」と「仕事」の違いがなんだか分かるでしょうか。私なりの基準ではありますが、コピーを「作業」にしてしまう人は、何も考えずに、ただ頼まれたことだけを漫然とこなすだけの人。「仕事」にできる人は、依頼者の希望に応じて、早さが大事なのか、一ページでも抜けていたら大変なことになるような正確性を要するのか、どう配布する予定なのかといったことを考えることができる人です。そして、後者のように考えられる人には、さらに大きな仕事が任されます。なぜか分かりますか？ そのような、しっかりした仕事ができる人をそのままにしておくのは会社にとって損失だからです。「仕事」にするのか、「作業」にするのかは、やる人の心次第です。その仕事にどう向き合っているのかが大事なのです。コピーを依頼されても、仕事にすることはできます。

小さな仕事に向き合えない人は、大きな仕事はできないと私は思います。さらにいえば、大きいか小さいかはあなたの主観であり、小さい仕事と感じるのは、その仕事は私がするべき仕事ではないとある種の差別をしているのです。仕事に上下をつける人は、結果的に人を上下に見ている人と同じです。だからこそ、どんな仕事もそれをする人の心を育てることが重要です。すべての仕事にはプライドを持ってそれに携わっている人がいることを、どうか忘れないでください。

無駄な仕事なんて一つもない

人は誇りを持ってやっていることとそうでないものでは、圧倒的に仕事の質が違うようになります。誇りを持つためには、社会の役に立っているという実感が持てる必要があります。一番分かりやすいのは、お客様に喜んでもらえた時です。アルバイト先で、もしお客様から依頼を受けた時に、「他の人ではダメなのです、あなたにお願いしたい。あなたにやってほしい」と言われたら嬉

■全ての仕事は社会に必要だから存在している

しいですよね。そのお客様は、たぶんあなたの会社にお願いしているのではなく、あなた自身にお願いしているのでしょう。それは、あなたが仕事に誇りを持ち、その人に一期一会の精神で対応したからでしょう。一期一会とは、その時、その場で相手に合った最大限のおもてなしをするということです。逆に、マニュアルどおりの対応しかしてくれないようなお店を、どことなく味気なく感じることもあります。

人は楽をして効率的にものごとを処理しようとすると、色眼鏡を通して一つの集団を同じものとして見ようとします。そうすると、「掃除は誇りを持てない仕事」「障碍者はかわいそうな人」「途上国は安い労働力」と、前述した経済における森と木のたとえ同様、そこにある一つ一つのこと、一人一人の人を見落としてしまうのです。こんな色眼鏡が、多様性を認めない社会を作っていきます。

仕事のことでいえば、本来、すべての仕事は社会にとって必要だから存在しているのであって、不要な仕事や、価値の低い仕事、無駄な仕事なんて一つもないのですが、そのことを忘れてしまいます。すべては、自分自身の見方や考え方で変わるものです。ですから、あなたの見る目を養う必要があります。どうか、色眼鏡でものごとを見るのだけはやめてください。

イノベーションの起こし方

ここ最近「どうしたらイノベーションを起こせるか」といった議論が盛んに起こっています。イノベーションという言葉の意味は、革新、刷新、新機軸といった言葉に訳すことができますが、ここではもう少し広く、新しい発想や考え方、切り口ぐらいの意味でとらえてください。

なぜ今、多くの企業はイノベーションを必要としているのでしょうか？　それは、はじめにも書いたように、今の日本がモノやサービスで溢れ返っていて市場が飽和状態のために、新しい発想の製品やサービスを開発していかないと物が売れない、消費が起こらない時代だからです。では、どうしたらイノベーションを起こせるのでしょうか？

私たちが鎌倉投信を創業した当時、金融業界の人たちから、ことごとく言われたことがあります。それは「理想と現実は違う。そんなやり方で上手くいくはずがない」ということでした。

一方、業界外の人からは「そんなファンドが欲しかったんだよ。応援します」といった言葉をかけていただくことも少なくありませんでした。私はその言葉を聞いた時に「これはきっと上手くいく」と感じました。

お金をただ増やしても幸せにはなれない。それならば、お金を預かって幸せで返す仕組みを創ればいい。つまり投資効率ばかりを求めず、時間をかけて信頼関係で成り立つ投資の仕組みを創る。それが私たちの起こしたイノベーションでした。その結果、二〇一七年五月末時点で一万七千人以上もの個人投資家（受益者）の方々にご支持いただける、投資信託に成長することができたのです。

効率ばかりを追い求める、それまでの金融業界の常識が、世間の感覚とは大きくずれているのを強く感じた出来事でした。

イノベーションを起こすためには、まず効率を求めると必ず失われるものがあるということを知ってください。先ほどの色眼鏡の例で言えば、色眼鏡で見ていた時に、無駄、価値がないと言われて切り捨てられ、誰も疑問にも思わなかったことの中に、新たな発想や多様性のヒントが隠されている場合があるのです。イノベーションを起こすためには疑問を持つことが大切なのです。常識を疑ってください。そしてその時には、ただ疑えばよいのではありません。ものごとの本質からずれていないかを疑う起点にしてください。「あれ？　これってなんかおかしい」と自然に思うためには、あなたが本質を摑んでいる必要があります。

視野を広く持つとするべきことが見えてくる

日本に住んでいると忘れがちですが、この世の中には、学校で教育も受けられず、一生を水汲みで終える人たちがいます。私たちが暮らす日本は、世界平均の約二倍の降水量と、行き届いた水道設備を誇る、水に恵まれた国です。しかし、世界に目を転じると、いまだ約七億五千万人もの人々が、水道も、整備された井戸も利用できず、生きるために欠かせない安全な水さえ満足に手に入れられずにいるのが現状です。そのような人たちは、水を手に入れるために、遠く離れた水汲み場まで、時には片道数時間もかけて歩いていかなければならないような生活を今も送っています。水汲みをやめれば、彼らには死が待って

います。だから彼らは水汲みをし続けます。ただただ生きるために。彼らには、選択する余地がありません。自分の意思にかかわらず、ただその地に生まれてきただけにもかかわらず。

どうか視野を広く持ってください。そうすれば、あなたがするべき社会に必要とされる仕事が見えてきます。本当に社会のためになる仕事を見つけ、それが結果として自分の使えるお金になるような仕事をしていってほしいと思います。

小さいことでも幸せになれるような心のありよう

日本で暮らしていれば、蛇口をひねれば水が出ます。あまりに当たり前すぎ

て疑問にも思わないかもしれません。しかし、視野を広く持って考えることができるようになれば、この状況が決して当たり前のことではないことに気づきます。

私は、毎朝、蛇口をひねる際、「ありがとう」と三回つぶやくようにしています。水道で水を提供してくださる方々に感謝し、親に感謝し、これまで私を成長させてくれた方々に感謝します。すると、今日という一日を大切に生きられるようになりました。不思議なものですね。すべてが「有難いこと」に思えてくるのです。みなさんもぜひ、やってみてください。そして自分なりの謙虚な心の位置を探してみてください。小さいことでも幸せになれる心のありようがあれば、年収の話と同じで、きっとより多くの幸せを感じることができるでしょう。

運がよい人、悪い人

「あなたは運がよいですか？　悪いですか？」

経営の神様と呼ばれた松下幸之助さん（現パナソニックの創業者）は、採用面接で必ずこう訊ねたそうです。そして「運がよい」と答えた人しか採用しなかったそうです。なぜでしょうか。

実は、運の良し悪しは、自分の心の中で決めていることなのです。例えば、けがをした時に、運がよいと考える人は、それが大したけがでなければ「大きなけがでなくてよかった」と思いますが、運が悪いと考える人は「なんで私がけがをしなくてはならないんだ」と考えます。この質問で、自分が生きていることそのものなど、当たり前と思いがちな小さなことでもプラスにとらえて、感謝ができる人かどうかを知ることができます。

感謝とは、「ありがとう」を言うことです。「有難い」ことばかり起こるので、「ありがとう」。その人の心の位置が、運がよいか悪いかを決めるのです。それが分かって、松下幸之助さんは運がよいと答えた人だけを採用したのかもしれませんね。

逆にいえば、不幸（不運）はチャンスのきっかけでもあります。不幸はその人の人生に、誰も経験できないような感動的なストーリーをもたらしてくれる素晴らしい出来事です。

いつも上手くいっている人生ほどつまらないストーリーはありません。辛いことを乗り越え、そこから見えたもの、学んだものはあなたの人生で最も誇れるストーリーです。私は病気にならなければ、会社を起こしていなかったでしょうし、テレビに出たり、本を書いたりすることもなかったでしょう。不幸なことが起こった当時は辛いですが、今になればそれもありがたいものです。

おわりに　山の頂上で出会う

私はよく人生を山登りにたとえます。山には大きく二種類、お金の山と幸せの山が存在します。お金の山は、お金を生きる目的にした人たちが登る山。一方、幸せの山は、自我のためでなく社会や他の人たちのために生きようとする人たちが登る山です。

お金の山を登り始めると、幸せの山には登ることができなくなります。なぜなら、お金の山に登るとお金を目的とした人にしか会えないからです。先ほどもお伝えしたように、お金を目的にしても幸せになることはできません。つまりお金を目的にしてしまった時点で、幸せの山に登ることはできないのです。

幸せの山を登る

働き始めた時の業種や業界の違いは、山登りの出発点を東西南北のどの麓《ふもと》から始めるのか程度の違いでしかありません。極論ですが、働くのはどんな業種だっていいのです、登る山さえ間違えなければ。どうか幸せの山を登ってください。

山登りは時に孤独です。この道で合っているのだろうかと心細くなることもあるでしょう。登山の出発点（業種）が違うので、なかなか同じ志を持った人に会うこともできません。しかし、山を登り続け、山頂までたどりつけば、ようやく別の業種で同じ志を持って頑張ってきた人に出会うことができます。

「よう！　お前も同じ山を目指していたんだね」と。

そんなふうにして歩んでいくと、自然と他の業種で社会のために活動されている人たちと仲がよくなっていきます。私にとってはそれが喜びであり、幸せでもあります。そういう人とは、お互いがお互いを尊敬し、信頼し合っています。もし私があなたと同じ出発点（業界）から山に登ったとしたら、頂上を目指して、きっとあなたと同じことをしただろうという想いが共有できているからです。言ってみれば、同志なのです。

あきらめの悪い人だけが最後に残る

私もそうですが、どんな業界でも優秀な人が生き残っているわけではありま

せん。私の感覚では、あきらめの悪い人たちが残っているように思います。

よく自分がその仕事を続けることができなかった理由を話す時に、勤めていた会社を首になったことや、経営していた会社が倒産したことなどを言い訳にする人がいますが、それはその仕事を続けられない理由にはなりません。本当にやりたければどんな場所や境遇にいても、続けることはできるのです。そしてあきらめの悪い人だけが最後に残るのです。

私も金融業界で二十年以上も仕事をしていますが、引退せず続けられるのは、あきらめが悪い人間だからだと思います。ですから、私が運用の仕事で投資先を判断する際に基準にしていることの一つは、成功し続けている人ではなく、あきらめの悪い人に投資するということだったりします。成功し続けている人は、失敗した経験が少なく、失敗した時に意外に脆いからです。

仕事をする上で大事なことは苦しい時に逃げない勇気です。その意味では失敗というのも一つのチャンスなのかもしれません。人は失敗した時や苦しい時に試されます。だから試練というのです。その試練を乗り越える経験を一度していれば、乗り越え方が分かっていますが、そのチャンスが訪れていないと、乗り越え方が分からないままの可能性があります。

米国でベンチャー企業に投資をする投資家の間では「一度も失敗したことのない企業には投資をしない」といわれるのもそれが理由です。

仕事にかける想いが誰よりも強い人だけが残っていく

当然、仕事をする上ではプロフェッショナルでなくてはなりません。努力をしていない人に、お客様はお金を出してまで何かをお願いしたりはしません。

努力していない人は努力している人に、うさぎとかめの童話のようにいつかは追い抜かされます。また、結果がともなうような技術を身につけるのも、仕事をする上では、相手の役に立ちたいのですから、当然のことです。しかし、それだけでもダメなのです。そこに強い情熱と信念が必要になります。

私は自分のためだけにはそこまでの力が湧いてきませんが、人のため、社会のためであれば、誰よりも強く想えるのです。どのようにしたら、自分の力以上の力を発揮できるのか、試練に負けず、前に進み続けることができるのか、自分なりに自分を鼓舞するよい方法を模索してみてください。

一日一日を大切にして、小さなことを積み重ねる

人は、自分自身の絶対的な価値基準を持たず、他者との相対的な比較でしか生きていけないと辛いことになります。

例えば、美男、美女を見て羨ましいなと思うかもしれませんが、それも自分と他者をくらべて自分に対して相対的な評価を下しているのです。また、美や若さというものもお金に似ていて、やがてそれが失われることが恐怖になっていきます。いつの時代も、新しい美男、美女が生まれてきますし、必ず人は老化していき、若さを失っていきます。

野球のメジャーリーグで活躍するイチロー選手は、打率ではなく、安打数を

重視しているそうです。打率は相対評価になりますが、安打数は絶対評価です。たとえ同じ打率三割を打つ選手だったとしても、十打数三安打の選手もいれば、百打数三十安打の選手もいます。誰かがたまたま少ない打席数で打率一位になることもあります。また、打率で一位を取ろうと考えると、打席に立つことが怖くなります。「もし打てなかったらどうしよう」「三振して打率が下がったらどうしよう」と消極的な気持ちが生まれてきます。そんな気持ちになると、シーズンの終盤に首位打者を狙って、打率を下げないためにわざとベンチに下がるようなことをしたりします。

しかし、安打数は一打一打の積み重ねでしか達成することができません。日々目の前のことに集中して、積み重ねていく。その積み重ねによって、一歩一歩自分自身で立てた目標に向かって近づいていく。そのようにして日々自分の成長を実感していく。自分の成長が実感できれば、それはその人が前に進んでいく力になっていきます。その結果としてイチロー選手は数々の記録を打ち立ててきたのかもしれません。他者にぶらされない（相対評価ではない）しっかりとした目標を持って、地道な努力を積み重ねることによって他の人が到達しえなかった、遠い場所まで行くことが可能になります。

また、高校生向けの講座で行ったアンケートでこんな質問をされたことがありました。「私には夢や目標がありません。夢や目標がないのに、何を積み重ねればいいのか分かりません。どうしたらよいでしょうか」と。こんな時は、あなたが人生の中で出会った悲しいことや苦しいことに夢のヒントが隠されているように思います。自分が直面している問題を何とかしたい、あるいは同じ問題に苦しむ人をなくしたい、そんな人の役に立ちたいという想いとそのための行動の積み重ねです。

行動し、人の役に立てれば、「ありがとう」と言ってもらえる。「ありがとう」

■地道な行動の積み重ねが、あなたを高みに押し上げてくれる

を積み上げれば、自分が生きている証ができる。その先に夢が見えてくると私は信じています。必要としてくれる人がいる、これは人としての存在意義の一つです。まずは「ありがとう」を積み上げてみませんか。

世の中が変わる時

「人間は微力だが無力ではない」という言葉は、私が大好きなＮＰＯ法人テラ・ルネッサンスの創設者、鬼丸昌也さんの言葉です。テラ・ルネッサンスは、世界各地で地雷除去支援、元子ども兵の社会復帰支援、そして東日本大震災以降は東北の岩手県大槌町で大槌復興刺し子プロジェクトをしているＮＰＯ法人です。鬼丸さんは、大学四年生のころにボランティアとして活動をしていた、カンボジアでの地雷原での体験から、この事業を立ち上げました。

でも鬼丸さんは、英語がほとんど話せません。それでも国際貢献の事業を立ち上げました。自分ができない英語は、仲間に任せています。自分には別の役割があると、日本全国で講演活動を行い、この事業のために年間一億円近い寄付を受けています。

鬼丸さんは様々な意味で人に勇気と希望を与える人です。彼は自分の人生を全うしても取り除けないほどの地雷が世界中に埋まっていることを知っています。でも彼は「地雷を一つ除去すれば、確実に地雷が一つ減る、そのカウントダウンが始まっているから幸せだ」と笑顔で答えてくれます。自分の命を使い果たしても終わらない志、つまり「自分の命が朽ち果てても、次の時代を生きる仲間が、その意志を継ぎたくなるような壮大な目標」を持つことの素晴らしさを彼は教えてくれています。

社会というのは、誰かが一人で変えるものではありません。社会に参加している一人一人の小さな力が集まった時に社会は変わるのです。リーダーはそのきっかけを作っているにすぎません。多くのフォロワーがそれについていくことによって、社会は変わっていきます。

人が一人でできることなど限られています。リーダーとは、みなさんが考える優秀な人ではなく、優しさに秀でている人、つまり自分の志に共感し、裏で支えてくれているたくさんの人々に感謝できる人を指します。そんなリーダーにみなさんがなってくださることを楽しみにしています。

これからを生きる人たちへ

どこまでも謙虚に、
誰よりも強く想い、
日々の小さな努力を積み重ねる

この言葉は、私が二〇一五年にＮＨＫの『プロフェッショナル仕事の流儀』という番組に取り上げていただいた際に、「プロフェッショナルとは何か」と訊かれて答えた言葉です。これまで様々な経営者にお会いしてきた中でいつも感じていたことに、自分の仕事に対する考え方を照らし合わせながら考え出したものです。

どこまでも謙虚でなければ、幸せを感じる心は持てませんし、リーダーにもなれません。自分はリーダーにはなりたくないという人もいるかもしれませんが、これは仕事だけの話ではありません。人が集まり、何かの目標を持って行動することがあれば、必ずリーダーシップを発揮しなければならない場面がやってきてしまいます。

そして、誰よりも強く想うことは、自分の人生をかける仕事が見つかればできることですし、この想いが道を切り開いていきます。多くの人は、途中であきらめてしまいます。「これ以上やっても無理だ」「私には才能がないんだ」「お金がないからもうできない」と。世の中は優秀な人が成功しているわけではなく、先ほども述べたようにあきらめの悪い人、言い方を換えれば、その想いを貫いた人が成功しているのです。まだ、人生をかける仕事が見つかっていない人は、ぜひ強く想えるような仕事を見つけてください。

最後に、日々の小さな努力をして、積み重ねられる人であれば、何かのプロフェッショナルとして社会の役に立てる人物になれると思っています。日々努力するのも難しいことですが、もっと難しいのは、それを積み重ねていくことです。私がこのすべてを完璧にできているわけではありません。そうありたいと願い、心がけているのです。

みなさんよりも先に生まれてきた人間として、これからの時代を生きるみなさんのお役に少しでも立てれば幸いです。みなさんは宝です。

今この時からでも変わることはできる

自分が幸せでなければ、他者を幸せにすることはできません。また、自分は幸せではないと思う人は、今ある幸せに気づいていない可能性があります。少ないお金で幸せになれる人は、余ったお金でもっと自分が幸せになれるかもしれませんし、もっと多く他の人を幸せにできると思います。

そんな生き方を身につけてください。

そのためには、まずは自分自身の生き方を今日から変えるために行動しましょう。未来は今日の積み重ねでできていますから、今日から行動しましょう。

しかし、世の中には変えられるものと、変えられないものが存在します。変えられるものは自分自身と自分の未来。変えられないものは他者と過去です。過去の失敗から学び、未来を自分自身の行動で変えていきましょう。他人に変われと言うのではなく、まず自分が変わりましょう。自分は今この時からでも変わることができます。

本当の幸せを感じられる謙虚な心を創るために、まずは目の前の人への「ありがとう」から。もし、それが恥ずかしかったら、ものに対して「ありがとう」を。

そんなふうにして、みなさんがお金に縛られずに幸せな働き方や生き方をしてくれることを願ってやみません。

巻末付録

Book

若い人に触れてほしい、私が薦める本

Person

若い人に会ってほしい、私が出会えた本物

Place

若い人に訪問してほしい場所

Book

若い人に触れてほしい、私が薦める本

『日本でいちばん大切にしたい会社』

（坂本光司 著／あさ出版）

私の人生を変えてくれた本です。会社とは何かということを考えさせてくれます。


『考えてみる』

（大久保寛司 著／文屋）

私が毎朝読んで反省するバイブル的な書です。生き方や人としての在り方を平易に伝えてくれます。

『ハーバード流　幸せになる技術』
（悠木そのま 著／PHP研究所）

この本で書いた「幸せ」について、ハーバード大学を中心とした教授たちの研究結果を読むことができます。

『裸でも生きる　25歳女性起業家の号泣戦記』
（山口絵理子 著／講談社）

バングラデシュで百八十人以上を雇用するマザーハウスを創業した山口さんの本。力強く生きる、利他と利己が一致する生き方を感じさせてくれます。

『おカネで世界を変える30の方法』
（田中優＋A SEED JAPANエコ貯金プロジェクト 編／合同出版）

お金についていろいろな面で考えさせてくれる一冊です。

Person

若い人に会ってほしい、私が出会えた本物

矢部園茶舗　代表取締役社長　矢部亨 氏

仙台から電車で三十分ほどの塩釜にあるお茶屋さんの茶匠。矢部園のお茶は豪華寝台列車「四季島」に採用されています。東日本大震災で被災した町を強い覚悟で引っ張っている一人でもあります。

長崎県立大学　経営学部長　三戸浩 教授

「若い人に挑戦をしろと言って、自分が安泰な環境でのさばっていてはいけない」と、横浜国立大学から長崎県立大学に行かれた意志を持った先生です。

エフピコダックス株式会社　代表取締役社長　且田久雄 氏

食品トレーの製造・販売を行っているエフピコの特例子会社社長。障碍者雇用のために、自社の経営だけでなく取引先など約四十社の顧問もしています。

NPO法人テラ・ルネッサンス　鬼丸昌也 氏

彼の講演を一度は聞いてほしいと思います。学生時代にNPOを創設し、英語はできなくても国際貢献をし続けています。他を巻き込む力を感じてください。

一般社団法人エシカル協会　末吉里花 氏

エシカルな消費行動やライフスタイルを日本のみならず世界中に広く普及していく活動をしています。

Place

若い人に訪問してほしい場所

伊那食品工業株式会社　かんてんぱぱガーデン（長野県伊那市）

http://www.kantenpp.co.jp/
http://www.kantenpp.co.jp/garden/

訪問すれば、この会社が地域に愛されている理由が分かります。三万坪もある敷地は社員さんたち自身によって手入れがされています。

石坂産業株式会社　三富今昔村（埼玉県入間郡）

http://ishizaka-group.co.jp/
http://santome-community.com/

産業廃棄物の中間処理業を行っている石坂産業。同社が手がけるこの施設では、様々な環境教育イベントを行っています。

株式会社都田建設　都田駅「駅Café」（静岡県浜松市）

http://www.miyakoda.co.jp/corporate/station_cafe/
http://dlofre.jp/cafe-restaurant/eki-cafe/

ハウスメーカーの都田建設がリノベーションした無人駅舎。駅舎内には北欧の素敵な生地が飾られています。また、一企業が地域のガイドブックを出版しているのも面白いところ。この会社の環境に対する取り組みがなぜ国連に認められたのか、地方の小さな会社が地域のことを真剣に考えるとどうなるかを伝えてくれます。

株式会社飛騨の森でクマは踊る　Fab Cafe Hida（岐阜県飛騨市）

https://hidakuma.com/
https://fabcafe.com/hida/

3Dプリンターなど最新の技術と飛騨の間伐材や伝統的な技術を組み合わせたものづくりができるカフェ。世界のクリエイターがなぜ飛騨の山奥に集まるのかは訪問しないと分かりません。

イケウチオーガニック　全国ストア（東京、京都、福岡、今治）

http://www.ikeuchi.org/

二〇七三年（創業百二十周年）までに赤ちゃんが食べても安全なタオルを創るという使命を持った会社の製品に触れてみてください。商品のタグもオーガニックコットンでできているなど、他にはないこだわりの製品ばかりです。

九神ファームめむろ（北海道河西郡）

http://kyujinfarm-memuro.co.jp/
http://project-memuro.com/tour/

障碍者の方々が働く現場を見ることができます。驚くほどのスピードでジャガイモの皮をむくなど、元気に生き生きと加工場で働いている障碍者の方たちの姿を見ると、ノーマライゼーションとは何かが分かります。

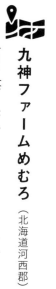

本書籍は、鎌倉投信およびその取締役資産運用部長である新井和宏による、情報提供を目的としたもので、投資信託の勧誘や販売を目的としたものではありません。

〈資産運用に関する注意点〉

投資信託のお申込みに際しては、以下の点をご理解いただき、投資の判断はお客様ご自身の責任においてなさいますようお願いします。

●投資信託は預金または保険契約ではないため、預金保険および保険契約者保護機構の保護対象にはなりません。また「結い2101」は、投資者保護基金の対象でもありません。

●投資信託は、金融機関の預貯金と異なり、元本および利息の保証はありません。

●本書に記載の情報は、作成時点のものであり、市場の環境やその他の状況によって変更されることがあります。また、いずれも将来の傾向、数値等を保証もしくは示唆するものではありません。

●本書に記載の内容は、将来の運用結果等を保証もしくは示唆するものではありません。また、本書は鎌倉投信が信用に足ると判断した情報・データに基づき著述されていますが、その正確性、完全性を保証するものではありません。

●本書および本書に記載の資料の使用権は鎌倉投信に帰属していますので、転用できません。お客様限りでご参考にしてください。

●「結い2101」をご購入の際は、投資信託説明書（交付目論見書）、契約締結前交付書面および金融商品の販売等に関する法律に基づく重要事項の説明等の重要事項説明書をあらかじめまたは同時にお渡ししますので、必ずお受け取りの上、内容をよくお読みください。

●「結い2101」の投資信託説明書（交付目論見書）については、鎌倉投信までお問い合わせください。

〈苦情処理措置および紛争解決措置について〉

鎌倉投信は加入協会から苦情の解決および紛争の解決のあっせん等の委託を受けた特定非営利活動法人　証券・金融商品あっせん相談センター（連絡先：0120-64-5005）を利用することにより金融商品取引業等業務関連の苦情および紛争の解決を図ります。

鎌倉投信株式会社：金融商品取引業者
登録番号　関東財務局長（金商）第2293号
加入協会：一般社団法人 投資信託協会

幸《しあわ》せな人《ひと》は「お金《かね》」と「働《はたら》く」を知《し》っている

2017年7月24日　第1刷発行
2017年9月14日　第2刷発行

著　者　　新井和宏《あらいかずひろ》

装　丁　　菊池　祐
本文イラスト　宮野耕治
本文DTP　松井和彌
編　集　　高部哲男
発行人　　永田和泉
発行所　　株式会社イースト・プレス
〒101-0051　東京都千代田区神田神保町2-4-7
久月神田ビル
TEL 03-5213-4700/FAX 03-5213-4701
http://www.eastpress.co.jp
印刷・製本　中央精版印刷株式会社

ISBN978-4-7816-1562-2